利根の里山

利根の里山について

上州の最北端に源を発する利根川は数多くの支流をもち、関東平野を流れゆく名河川です。利根（トネ）の語源はいくつかありますが、一説には尖峰（トガミネ）から発しているといいます。確かに利根郡には日本百名山に代表されるような険しい山が七座もあります。谷川岳、巻機山、平ヶ岳、至仏山、武尊山、日光白根山、皇海山の七山です。そのうち純然たる利根郡内の独立峰は武尊山と至仏山の二山で、残り五山は新潟県および栃木県をまたぐ県境稜線上の山ということになりますが、利根郡という群馬県の北部地域にこれだけの百名山が集中していることはまさに驚異といって良いほどです。

利根郡は大きく分けると、みなかみ町が占める利根西部と片品村、川場村が占める利根東部とに分けられます。西部には谷川連峰に代表される魅力あふれる長大な三国山脈があり、東部には尾瀬、日光、足尾山地に属する山々がキラ星の如く並んでいます。

山岳と河川は地形を形づくる表裏一体のもので、長い年月を経てこの美しい自然の世界ができあがっているのですが、利根郡の元となっている利根川源流域には、今でも一般登山者が踏み込むことのできない険しい山域があります。実際、利根川源流部に学術調査隊が何度も入山し、その源流が大水上山にあることが確認されたのは近年（昭和五十三年）になってからのことでした。この利根川の上流域から中流域およびその支流を見てゆくと、そこには古くから地元民に親しまれてきたたくさんの山々が存在します。この本の中ではそうした隠れた里山を少しでも多く紹介したいと思っています。

県北部の中心地は沼田市ですが、平成の市町村合併以降では利根郡に属していた白沢村と利根村が加わり、また水上町、月夜野町、新治村は一つのみなかみ町となって大幅な山域の変更がありました。しかし里山の美しいたたずまいは何一つ変わってはいません。

この里山について明確な定義があるわけではありませんが、およそ人家や集落の近くにある山をさしており、古来より人々の暮らしと山とが結びつき、ときには信仰の対象にもなってきたということになるかと思います。現在では山岳信仰も薄れてしまいましたが、山の神様を祭る石祠などが置かれた山には、今もそうした山岳信仰の足跡を訪ねることができます。登山ブームのこの時代、百名山に匹敵するような著名な山はそのほとんどが語り尽くされており、登山コースについてはガイドブックなどで詳細に書かれております。

従ってこの本の中では著名な山についての紹介はなるべく避け、余り目立たない里山を取り上げています。それにしても利根郡の山域すべての山となればとても多すぎて登りきることなどできません。紹介した山のほとんどは過去に登った経験がある山ですが、古い記憶なので最新の情報を得るため可能な限り登り直して記述しています。正規の登山道がある山の方が少なくて、仮にあったとしても整備されているわけではなくかつ道標なども十分ではありません。そのため里山といえどもあなどれない山がいくつもあります。遭難、事故と言うことも考えられますので、登山計画を立てるときは十分調査したうえで行動されるようお願い致します。本書の里山登山にあたり、注意すべき項目もいくつか巻末に随想形式でまとめておきました。参考にして下されば幸いです。

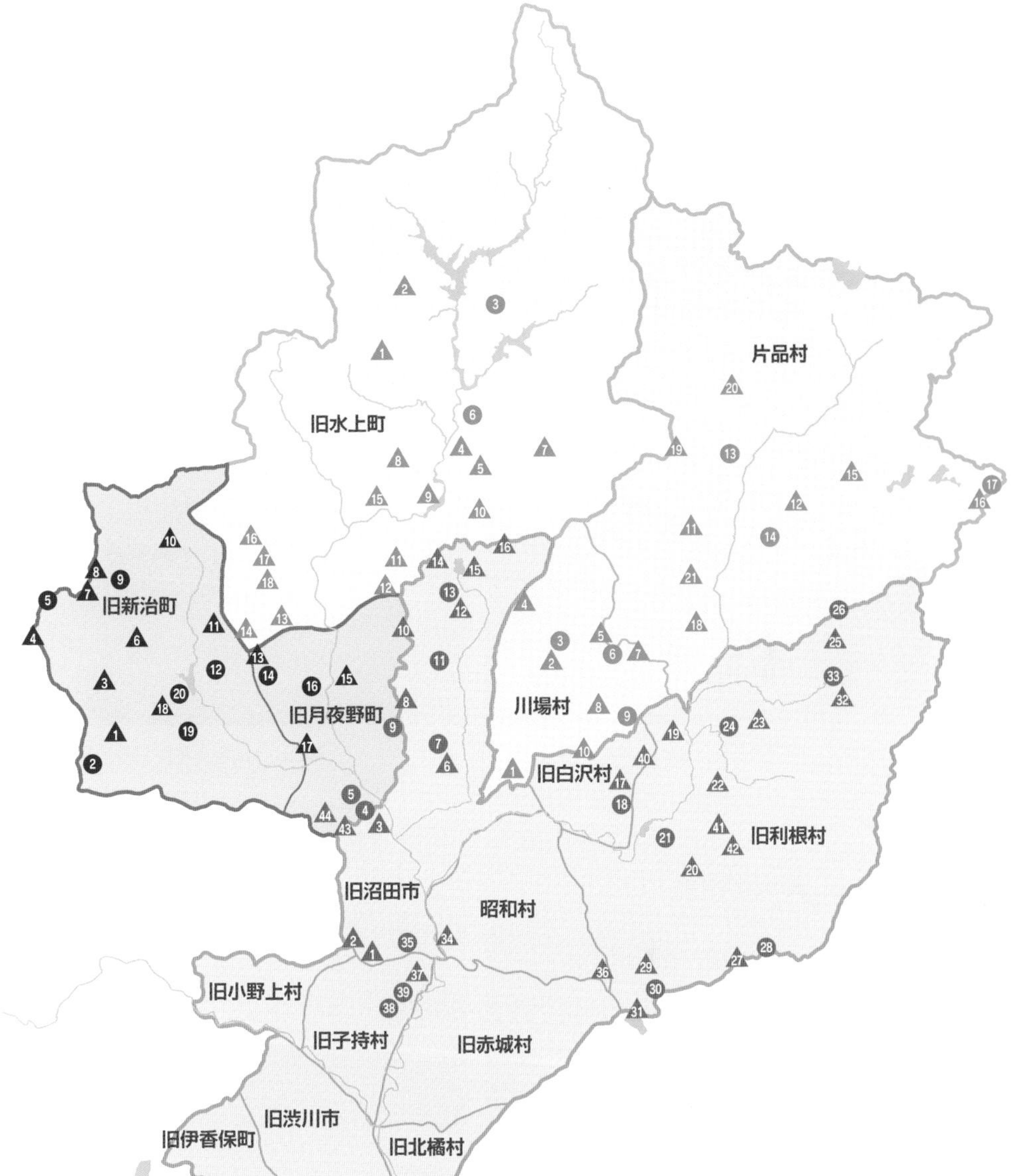
片品村
旧水上町
旧新治町
旧月夜野町
川場村
旧白沢村
旧利根村
旧沼田市
昭和村
旧小野上村
旧子持村
旧赤城村
旧渋川市
旧伊香保町
旧北橘村

利根の里山 全域 MAP

栗沢の石尊山（旧水上町）

雨見山（旧新治村）

十二社ノ峰（旧新治村）

幕掛山（旧水上町）

高檜山（旧月夜野町）

三ヶ峰（片品村）

登山道が無く登ることが難しいやぶ山

目次

表紙の山名

金精山（片品村）	戸神山（沼田市）
子持山（沼田市）	三峰山（沼田市・みなかみ町）
稲包山（みなかみ町）	三国山（みなかみ町）

※本書の山名は著者の見解によるものも含まれます。
登山する際は安全を確認の上、自己責任でお願いします。

I

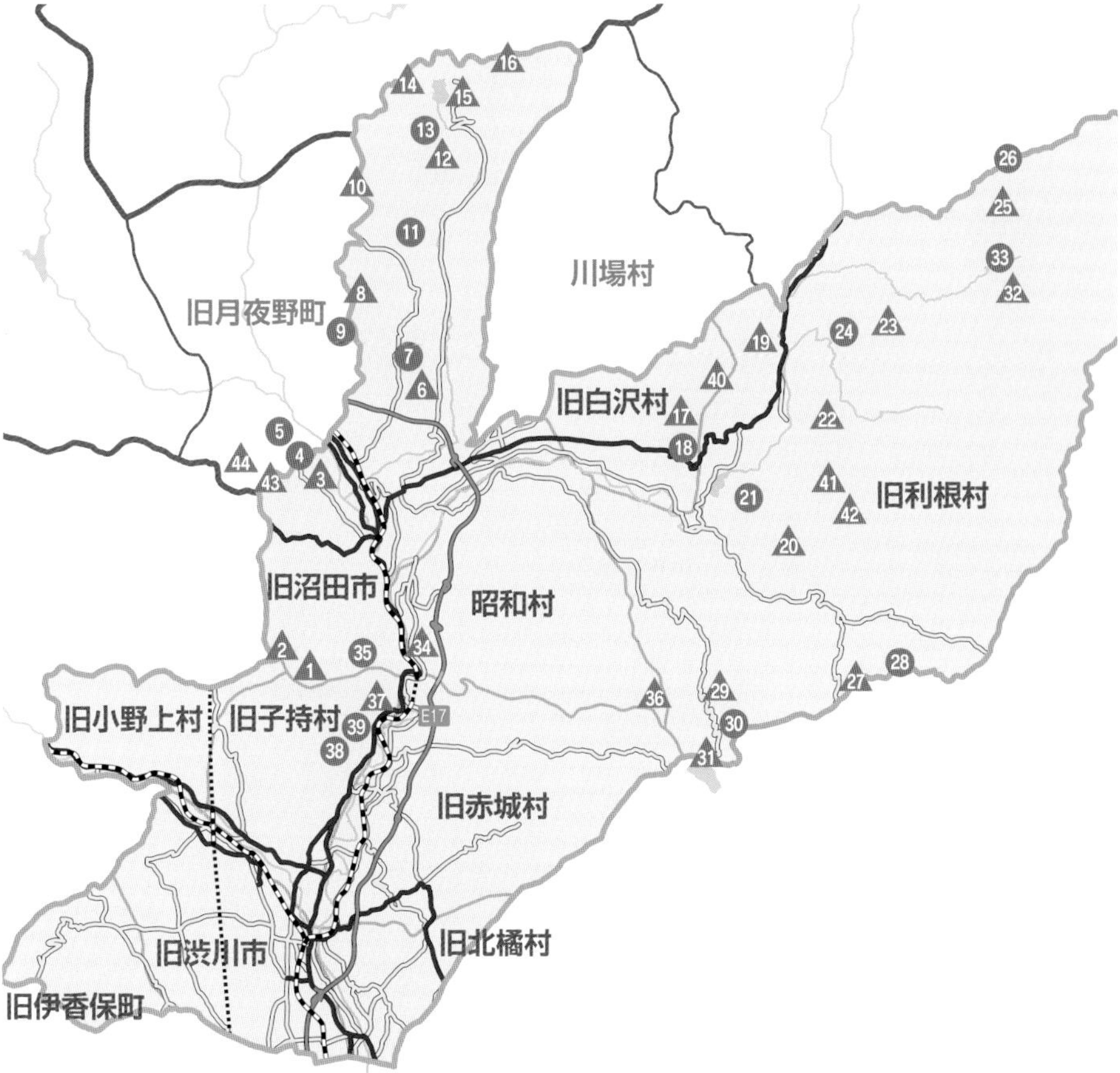

①子持神社
②子持山
③天狗山
④大平山
⑤富士山
⑥戸神山
⑦高王山
⑧三峰山
⑨石尊山
（旧月夜野町）
⑩板沢山
⑪大戸屋山
⑫迦葉山
⑬白樺湿原
⑭尼ヶ禿山
⑮玉原湿原
⑯鹿俣山
⑰想台山
⑱石尊山
（旧白沢村）
⑲高戸谷山
⑳水無山
㉑高柴
㉒大楊山
㉓水行寺山
㉔丸山
㉕峰山
㉖三ケ峰
㉗小出屋山
㉘点名根利
㉙点名二本楢
㉚小黒檜山
㉛五輪尾根
㉜丸山
㉝ねりやま
㉞愛宕山
㉟雷電山
㊱船ヶ鼻山
㊲櫃山
㊳鈴嶽
㊴赤谷
㊵栗生峠と御前平
㊶万寿ヶ峰
㊷姫篠
㊸お富士さん
㊹日向山

岩壁に画かれた爪書き不動尊

もう一つの子持神社（お子持ち様）

子持山南麓にある子持神社（渋川市）は、平安時代の創建といわれ、木花開耶姫命ほか七柱の大神を祭り、子授け安産の神様として近隣の信仰を集めてきた名刹です。

その一方、子持山頂近くにあるという屋形原町（沼田市）の子持神社は、大きな岩脈にできた岩洞を祭ったもので、里の人たちはこれを「お子持様」と呼んで、毎年一回五月一日に地元役員の人が参拝に行く習わしとなっています。そのような神社が沼田市内にもあることを聞くと、お子持様のことが気に掛かり、是非一度訪ねてみたいと思うようになりました。

屋形原の大日沢コースを登りながら探してみたり、また天文台からの道を登って山頂方向からも探したりしましたがどうしても見つかりません。

そこで屋形原の鍋沢集落の古老に聞くと、お子持様は山頂近くの大きなスギの御神木に囲まれているというので、教えられた通り集落のはずれまで出掛け、山頂付近を写真撮影し、拡大して見ると、落葉した雑木帯の中に確かにそれらしき黒木のかたまりが写っていました。さすがに三度目の探索ともなると、慎重に場所を下調べした上でなければ登れません。

子持神社の岩洞

屋形原町の大竹集落の奥から子持山林道（車道）を行くと一・七キロで丁字路に行き当たります。ここは実際には十字路で、正面に続く作業道のような目立たぬ道が通じています。その入り口には「千葉大・利根高冷地農場」の看板があり作

爪書き不動尊

業道を行くと、初めは歩きやすかった道も途中からススキなどが茂る雑草の道に変わってしまいます。途中で森林管理署の遮断機ポールと看板を見て三十分ほどで子持山北尾根の所を横切ります。ここには三十年以上も前に私が取り付けた「北尾根登山口」を示すプレートが木に残っています。

そこからさらに作業道を緩く下って行くと二十分ほどで、樹林にテープ表示された場所が出てきます。位置的に見ればお子持様の直線下あたりに相当します。ここは大日沢コースからの登山道取り付き点（峠）から北方へ三百メートルほど離れた地点になります。

大日沢方面からたどってくる場合、峠から二百メートルほど下ると明治百年記念植樹の石塔があり、そこからさらに百メートル先、小さな枯れ沢を過ぎた場所です。

毎年地元の人が登るというだけあって中に入れば踏み跡もあり、昔から信仰され続けてきたのか道形も古そうです。しっかりとしたテープが道しるべとなっていました。

御神木であるスギの木にたどり着き見渡してみても、お子持様らしき岩が見当たりません。またしても駄目かとガッカリしましたが、思い直してさらに登って行くと、お子持様はご神木のさらに三十メートルほど上部にありました。

横に大きく露出した巨岩の合わさり目に口を開いた岩洞です。中は人が三、四人は休めるほどの広さがあり、古そうな

岩洞に祭られている祠

石祠が二つ祭られていました。

岩洞の天井から滴る清水がパイプを通して水鉢に貯められており、冷たい浄水となっています。入り口の左手、目通りの高さに不動明王の線書きがあるといわれているのですが、苔などで覆われているためまったく判別できませんでした。この不動明王像については、空海がこの地を訪れたとき、子持山を仏法の山とすべく爪で壁面に描いたという伝説が残っています。それゆえ「爪書き不動」と呼ばれます。確かに辺りを見渡せばこの巨岩の他にも上部に開口を持つ岩洞などが見えて、いやが上にも神聖な霊域という感じが漂っています。ようやく訪ね当てた岩洞で一時間ほど過ごし、日差しが陰ってきたので石祠に白米と粗塩を供えてから「お子持様」を後にしたのでした。


翌月、今度は北尾根から子持山を登り山頂に立ったあと、たどってきた尾根筋の途中からお子持様の岩洞へ下ることにしました。

山頂から二百メートルほど北尾根を下ると、北側を巻く岩場があり、ここを起点に東方右寄りにあまりはっきりしない尾根状地形を下って行きます。三百メートル近くも急斜面を下ってやっと岩洞のある上部にたどり着きました。

ここは岩場が多く、下り方を間違えると大変危険です。そもそもこの岩洞は屹立したような岩峰ではなく、いわば防空壕のようなもので、そのため上部からではなかなか見つけ難いのです。先月登ったばかりで位置をはっきり特定でき、GPSにも記録しておいたので下ってこられたようなもので、一般登山者に勧められるコースではありません。

前回は爪書き不動尊のお姿を見ることはできませんでしたが、今回は持参した片栗粉を岩肌に塗り込めると、果たせるかな、見事に不動明王のお姿が白い線となって現れました。そのお姿というのは、顔は斜めにして眉をつり上げ、手には宝剣を持ち、頭髪の上には激しい火炎を背負った憤怒身です。これは岩座に踏ん張って立つお姿なのでしょう。不動明王は悪を絶ち神仏で民衆を救済する修験道と結びつき、荒行の岩場や滝壺などによく置かれる石仏の一つで大日如来の化身とされます。

それにしても自分の住んでいる沼田市に、こんな隠れた信仰の場所があったとは、改めて驚かされたのでした。

（二〇二〇年一月）

お子持ち様は山頂の斜め左下に見える黒いかたまり（御神木のスギ）

万葉にも詠まれた一等三角点の山

子持山（一二九六・四メートル）

1．旭開拓からのコース

子持山《こもちやま》は赤城山や榛名山よりも古い成層火山で沼田台地から望むその山容は万葉集にも詠まれるほど秀麗な稜線を引いています。この山には岩脈の露出した屏風岩、火山岩頸と呼ばれる獅子岩など、見事な岩峰を随所に見ることができ、これが「子持ち」と呼ばれる山名発祥の所以になっているそうです。

沼田市側からの登山道は、川田町から旭開拓を通り小峠から登るコースが主流です。

国道一四五号の寺尾バス停の正面から大竹方面の道に入り、四百メートルほど進んでから右手に旭開拓への道を行きます。旭は酪農家が数軒あり、子持登山道の案内も出ています。多少荒れていますが車で小峠まで乗り入れも可能です。峠は高山村方面ともつながっていて、小峠から南に延びる林道を行き、五百メートルほど先、右手の急斜面を登って北西の尾根に出ます。風情のあった尾根道も現在ではあまり面白みがありませんが、振り返れば谷川連峰が雄大に望めます。しばらくはヒノキ林帯と雑木林帯の境界尾根を進みます。

子持山山頂

小学生のころ、遠足で登ってきたときは千段平という気持ちよい草原地帯があって、クサボケやアツモリソウなどの花

沼田市街地と子持山

が咲いていたのですが、現在では草原の位置さえも分からない変わりようです。

ヒノキ植林が続く尾根筋を行くと突然のように砂利道（林道）に飛び出します。道標には小峠一・六キロ、山頂八百メートルとあります。この林道は高山村の天文台の道から分かれた林道で、行先は西方の肩に立つ電波施設に続くものです。

飛び出した林道の反対側から再び登山道が続きます。ここからのコースがようやく子持山らしくなります。山道に岩石が多くなりシラカバなどの自然林も美しいところです。やがて小ザサが出てくると西の肩に続く尾根上に飛び出ます。頂上はもう間近で、稜線上の平坦な道を少したどれば山頂直下の急坂となり、登り切ると山頂です。この山頂には一等三角点の標石が置かれ、十二山神の石塔が大岩の前面に鎮座しています。

一等三角点を置く山なので展望が良いはずですが、木々が邪魔して多少移動しないと展望は開けません。帰路は往路の稜線を戻り、登ってきた尾根分岐点を過ぎて電波塔への尾根道を下ります。この辺りはツツジの灌木類なども多く一番すっきりした道なのですがすぐに電波塔に着いてしまいます。

電波塔からそのまま林道を下ると小峠からの登山道に出合います。

（二〇一〇年五月）

2. 大日沢のコース

古い地形図を見ると沼田からの登山道として旭開拓からの道のほか、屋形原町から大日沢を行くコースと北尾根を登るコースとが記載されています。

両方の登山道とも現在登る人がほとんどなく廃道状態にありますが、少なくとも三、四十年ほど前までは屋形原の人たちが子持山登山に使用していました。

大日沢コースは鍋沢集落から行きますが林道歩きが長く、本来の山道取り付き地点からはほとんど道もなく、踏み跡だけが頼りのかなり慎重な登山になります。

山頂直下の岩峰（耳二ツ）

国道一七号屋形原町の信号から鍋沢に向かい、集落の入り口で十字路となります。一番左手の新車沢橋を渡って舗装林道を行くと、舗装路はじきに終わり砂利道に変わります。車もこの辺りまでが限界で、後は徒歩になります。

大日沢沿いに一時間ほど歩くと頭上に送電線が走り、水道施設のある所で南沢作業道と屋形原作業道とに道が分かれます。両方とも遮断機があり、屋形原作業道の方を行きます。次の三差路では本流（水量が多い）のある左手の道を行きたくなるところですが、この道は大変荒れており、先は行き止まりです。水量の少ない右手の作業道をしばらくたどると、やがて沢筋の終わる所から作業道は山手に向かい、登り切った場所は尾根筋を横切る峠のような地形になっています。作業道はさらに北へ延びていて、どうやらここが過去にあった登山口らしく、赤いペイントの印やテープ表示などが見られます。

尾根筋に入ると踏み跡は大変薄く、しばらく続いたテープ類も無くなってしまいました。後は勘を頼りに登るだけです。大岩が出てくるあたりまで登ると足元もおぼつかなくなるような急登が待っていました。左手に見える尾根状地形に向かうと、地元の人が「耳二ツ」と呼ぶ岩峰が大きくそびえているのが見えてきます。その岩峰基部をのぞけば、前日の大雨

大日沢の水流

でナメ滝のような急流が垣間見え、とても近づくことなどできません。これが大日沢の源頭かと納得しました。

地図上の破線路にほぼ沿いながら登ってきましたが、地元の人が呼ぶ「お子持様」の岩脈はとうとう分からずじまいで山頂に到達してしまいました。


（二〇一九年十一月）

3. 北尾根コース

屋形原町の大竹集落の奥から子持山林道（車道）を行くと一・七キロで丁字路に行き当たります。実際には十字路で、正面に作業道のような目立たない道が開いています。入り口には「千葉大・利根高冷地農場」の看板があります。その作業道を行くと、始めは歩きやすかった道も途中から雑草の道に変わってきます。途中、古そうな森林管理署の遮断機ポールと看板を見て三十分ほど進むと子持山の北尾根の所を横切ります。ここには、今から三十年以上も前に私が取り付けた「北尾根登山口」を示すプレートが木に残っていました。なお地元の人が呼んでいる「お子持様」の参道入り口はこの林道をさらに十五分ほどたどった先にあります。

この北尾根登山口の標高は約八八〇メートルなので山頂まで四二〇メートルほどの標高差を登ります。古くからある登山コースは、廃道とはいえ尾根筋も明瞭で迷うところはありません。

総体的には雑木林の尾根で所々に見られる植林樹種はヒノキです。頂上まで大きなコブが二つあり、二つ目のコブと頂上との中間点までやってくると大きめの岩峰がでてきます。ここは直登できないので右手を巻くことにします。

後は所々に岩が現れますが比較的緩やかな尾根筋で、登ると頂上の石碑を抱える大岩の真後ろにたどり着きます。

（二〇二〇年一月）

夏雲湧く子持山

月夜野にある利根川沿いの山
天狗山（鏡山）、大平山と富士山（荷鞍山）

天狗山《てんぐやま》（鏡山）（五三八メートル）

沼田市上川田の名刹、東光禅寺の裏手を占める山が天狗山です。その昔、寺の開山を助けた鏡山大薩埵という天狗の神様を祭ることから鏡山とも呼ばれます。

東光禅寺は沼田駅からだと、利根川の地蔵橋経由で三・五

信仰のある元宮（玉石を供える）

天狗山（鏡山）

東光禅寺入り口山門

キロの距離にあります。

参道の入り口両脇にある石柱には「龍雲山東光禅寺」「鏡山大天狗霊場」の文字が掲げられています。またその脇には沼田市指定重要文化財の発智兵部左金吾平為時の墓が石仏などとともに並んで立っています。

石仏石塔などが立ち並ぶ境内から舗装の参道を登りますが、最近では野生動物の侵入を防ぐための電気柵が入り口に設置されています。感電しないよう柵線フックを外して、中に入ったらまた元に戻しておきます。

しばらく登り左手に回り込んだところから、頂上に続く尾根になると、古そうな石祠と金属製の手すりなどが見えてきます。

頂上には天狗を祭る古い鏡山社殿が建っています。この社殿の裏手には元宮と呼ばれる石祠があって、コブ取り天狗として地元の信仰を集めています。石祠には願掛け石がたくさん置かれており、この石でこすると、イボ、ホクロ、アザなどがいつの間にか無くなってしまうのだそうです。

山頂広場はベンチなども置かれ、眼下に川田の街並みや利根川の流れが美しく眺められます。なお社殿では四月一日と十月一日には春秋の例大祭が行われます。

帰路は石灯籠のある東側の参道を下ります。こちらのコースでは、信仰を示すものは小さな石祠が一つあるだけですが、比較的静かな雑木林の道は快適で、わずか十五分足らずで東光禅寺に下り着きます。

（二〇一九年十月）

鏡山社殿

大平山《おおひらやま》（六二一・六メートル）みなかみ町

大平山は山麓の集落名から付けられた山名であることはすぐに分かりますが、小さな山なので地図上に山名はありません。

しかし山頂には二等三角点が設置され、北側の岩場のある峰には信仰の対象であった証しとして文化九年（一八一二）の大きな石祠が祭られています。

大平集落から直接登る道は無いので滝合集落から登るのが良いでしょう。

関越自動車道の月夜野インターを三国峠方面に降りて、す

大平山北峰に立つ石祠

利根川と大平山

ぐに利根川に架かる月夜野大橋があります。長大な橋を渡り切るとすぐ左手へ分岐する車道があります。道なりに四百メートルほど進むとカーブした先に滝合集落の人家が見えてきます。登山道への取り付き点は、その人家の少し手前に斜上している、幅二メートルくらいの農道です。車の場合は手

大平山頂の２等三角点

前の道路脇に若干の駐車スペースがあります。

小さな段々畑を見ながら農道を進むと、舗装の終わった所に墓地があります。

ここからは雑草の茂った道になります。荒れたワラビ畑のところから樹林に入ると山道らしくなり入り口にある木には登山口を示す小さなプレートが取り付けてあります。

山道に入って間もなく倒木が目立ち始め、塩ビパイプを埋設した小さな水場もほとんど枯れてしまっています。誰も歩かないとみえて、踏み跡のくぼ地には落ち葉が堆積しクリやドングリの実がたくさんたまっていて、樹上にリスが遊ぶ姿を見ることもあります。その一方、最近ではイノシシが増えて畑を掘り返したり、獣道を作ったりして、しかもヤマビルを媒介するため被害も多くなっています。従って、この山域の登山時期としてはヒルのいない晩秋から早春に限られてしまいます。

小さな集水桝のある沢を越えた先で左手から小尾根が合わさります。この小尾根を下ったところには石仏や石祠がたくさん置かれているので探しながら歩くのも楽しみです。

樹林の山腹を巻き、やがて大平山と富士山をつなぐ稜線上に飛び出します。ここは峠を思わせる鞍部となっており、実際数年前までは山麓の人家がある四ツ木に細道が下っていました。現在ではササやぶに覆われています。


大平山はこの峠から南に向かう山道を行きます。起伏の多い山道で、ここは数年前の伐採の跡なので灌木が茂りやぶが多い尾根になっています。春先にはたくさんの山ツツジが咲き乱れ、初夏にはヤマユリ、ヒメウツギなどの花が目を楽しませてくれます。

荷鞍山（右）と大平山（左）

やがて山道は発坂峠側から来る小ピークに向かいます。東側を巻く小道の先には岩場のある北峰が控えています。

ここは先に述べた文化九年の石祠が祭られている峰です。この峰は左手を巻く道と直登する道があって、どちらもロープがかかっており容易に越えられます。

北峰からすぐ先が山頂で、二等三角点標石と山頂プレートがあります。まるで石塔を思わせるような露岩の多い山頂部は東方に延びていて、先端からは樹間に大平の人家が見えます。

富士山山頂

大平集落へ下ることはさほど難しいことではありませんが道は無いので、ここは往路を戻り峠から富士山へ登ることにしましょう。

富士山《ふじやま》（荷鞍山）（六三〇メートル）みなかみ町

地元の人が富士山「ふじやま」と呼んでいる山は、沼田の下町から望むと、フタコブラクダの背のような形で荷鞍に似ていることから荷鞍山とも呼ばれます。

稜線鞍部の峠から北側の山道を進むとすぐに、荷鞍の手前のコブに当たる急坂の道に差し掛かります。ロープが掛かっていて、登り切れば元文五年の文字を刻む壊れかけた石祠が一つ置かれていました。

このコブを一段下ってから山頂への登りになります。山頂直下の直登はかなりの急坂なので、ケルンの置かれた左手の巻き道をたどれば比較的緩やかに山頂まで登ることができます。

富士山は戦国時代、名胡桃城《なぐるみじょう》の砦があった山で、砦の名を富士浅間砦といい、これは山名そのものです。砦の特徴としては、西側に続く尾根筋に二つの空堀《からぼり》が見られます。山頂は一段下がった平坦地があり見回りのための腰曲輪ができてい

富士山（荷鞍山）

ます。この山に初めて登った頃は、山頂付近に角の取れた河原の小石がいくつも見られました。これは鏡山にあるコブ取り信仰の小石と同じものかと思っていたのですが、砦であったことを考えると、信仰のためではなく、敵に向かって投げつけるための石礫ではなかったろうかと想像しています。

ところで富士山という山名についてですが、江戸時代後期に隆盛を極めた富士講は、富士浅間神社を総本山として全国各地に広がり、多くの富士浅間神社が里山に分社されました。

昔は遠い僻地から遙々と富士山まで行くことは容易ではなかったので、近くの里山に祠を祭り浅間様をお参りしたのです。

名前も無い峠道

その名残が富士浅間山と呼ばれる山であり、地元の人は浅間を省略して富士山と呼んだのです。この山頂にも石祠が祭られています。この祠には十字の印が入っています。おそらく砦の時代からもっと後世になってからのものでしょう。真田氏統治の時代、隠れキリシタンによって置かれたものかもしれません。

　帰路は滝合集落に戻るのがよいでしょう。峠を少し下った小尾根を行くと、明瞭な道がある訳ではありませんが一段下ったくぼ地に寛政、安政年間の祠が置かれている場所があります。壊れて散乱したものがありますが、少なくとも四基以上の石祠が祭られていました。さらに下った尾根の取り付き点にも二つの祠が祭られていて、それには享保九年の文字が読み取れました。沢筋に降りた場所には馬頭観音、また人家の近くにはお地蔵様、如意輪観音のほか寛延二年の双体道祖神が祭られています。昔の人々は、村に災いをもたらす疫病神や悪霊などは、村に入る道筋からやってくると信じていました。そこで双体道祖神のように夫婦和合の仲の良い姿を見せつけることによって、そうした悪霊や厄病神を退散させるためのものとして集落の出入り口に石仏を置いたといいます。

　ですからこの名も知れぬ峠道は、滝合と四ツ木の集落をつないでいた生活道であったに違いありません。

（通年・毎週登る）

富士山山頂の石祠

山道途中の石仏

富士山から谷川岳を望む

沼田市近郊の里山

戸神山と高王山

沼田市街地の北部にそびえる戸神山は、低山ながら形良いピラミッド形の山で、頂上からの展望は大変優れたものがあります。通称三角山と呼ばれ、地元民に親しまれています。昭和初期まで金の採掘が行われていたことでも知られ、今でも山中にその鉱山跡を見ることができます。

なお戸神山という呼称は戸神町側からのもので、北部の池田地区からの呼称は石尊山です。山頂に石尊大権現の石祠があり、これは五穀豊穣と安寧を祈って神奈川県伊勢原の大山阿夫利神社を合祀したものです。池田地区では古くから信仰のあつい山であったことがうかがえます。

一方、高王山は戸神山の北方一キロの所に位置する山で、山容はこんもりと丸く茂った目立たない山ですが、戦国時代には、池田の豪族発知氏が築いた城郭があったといいます。現在は平坦な頂上台地に、テレビ中継塔が立っていますが、

戸神山登山口にある虚空蔵尊（後方は戸神山）

金鉱の試掘り跡

水田に影をうつす戸神山

山頂直下にある不動明王

石尊大現権を祭る戸神山頂

北側斜面に残る腰曲輪などは当時の城郭をしのばせるものです。戸神山と高王山とは、ほぼ同じ標高であり、良く整備された遊歩道で結ばれ、各方面からいろいろなコースがあり楽しめます。

戸神山《とがみやま》（七七一・六メートル）

1．戸神町からのコース

　岡谷上バス停の丁字路を、西方に八百メートルほど向かうと、右手へ虚空蔵尊に向かう小道があります。今ではあまり見かけなくなった火の見櫓が建っているその少し手前の道を二百メートルほど奥に進むと、墓地とあずまやのある駐車場、小さなゲートボール場があります。突き当たりは虚空蔵尊の山門と石段で、登山標識も出ています。百八十段ほどの石段を登って、虚空蔵尊を参拝してからスタートしましょう。

戸神山の石灯篭

戸神山から見た沼田市街地

　戸神山へは、虚空蔵尊の石段を少し戻り、簡易水道施設のある脇から延びている林道（田之入線〇・六キロ）を行きます。急な坂道を登り切り、カーブを曲がった少し先に、一番目の登り口があります。ここは鉱山跡コースです。

　戦前まで金鉱山があった場所で、中に進むと木製の古びた祠があり、その先から鉱山跡の急な砂礫地となりその上部からは岩稜帯のような急坂道になります。小石の混じる傾斜のきつい道が頂上まで続き、途中、鎖のある岩場も出てきて、ちょっぴりアルペン気分も味わえます。このコースは戸神山の南面を直線で登るだけあって、展望がとても良いコースです。

　第二の登り口は、林道をそのまま終点まで行き、そこから始まる登山道を登ります。林道終点から十分も登れば、鉱山跡からのコースと合流して、そのあと二体の不動明王石像を見て、固定ロープをたどれば頂上です。

　戸神山は、四等三角点ですが、芝草と露岩のある頂上に立てば、沼田盆地の市街地が眼下に広がり、四方には上州武尊山、赤城山、子持山、三峰山が大きく取り囲み、さらにその奥には皇海、袈裟丸、榛名、浅間、四阿、草津白根、白砂山など上州の名山がいくつも顔をのぞかせます。真冬には奥秩父連峰、富士山まで見渡せるほど展望の優れた山です。

2. 池田集落からのコース

下発知バス停から少し戻った所に、生活改善センターの小さな集会所があり、その脇の小道に入ります。道路の斜め反対側は、酒造店の蔵元です。

道なりに山手へ百メートルほど進むと、分岐に石尊山観音禅寺の表示板があり、左手の細い坂道を行くと、お寺の赤い屋根が見えてきます。

観音寺は創建五百年の古寺で一段下に登山者用の駐車場があります。

登山道は、観音寺の脇より続いています。石段から山道に入ると十分ほどで変則の十字路になります。左手は山頂へ、直進は高王山、右手に続く道は下発知から来る古い山道で、下発知バス停の五十メートルほど先、ガソリンスタンドのある斜め反対側の小道から来るコースです。こちらのコースでも道なりに二百メートルほど奥に行くと人家の終わった先に小さな朱色の観音堂が見え、右手の畑道を行けば登山口標識が立っています。竹林の中ジグザグに登って行きます。

いずれのコースをとっても、時間は同じで、両者の道は、先に述べた変則十字路の山腹で合流し、頂上へと向かいます。合流地点より山腹を巻きながら登って行くと、今度は戸神山から高王山方面に続く遊歩道の三差路に出ます。戸神山頂までは、ヤマツツジやミツバツツジなど灌木の多い尾根を登って十分ほどで到着できます。

山頂の東端には三つの石灯籠と二つの石祠が置かれています。石灯籠には「慶應三卯年十一月」「弘化四年」などと刻まれていて、特に慶応年間のものは大政奉還の行われた翌月のことで、明治維新という日本が近代化に向かう激動の年号がここに記されていました。

山頂には地元池田小学校の生徒たちが設置した立派な御影石の方位盤があり、山名は石尊山となっています。石尊とは、岩をご神体とする社を意味しており、神様が天上から降りてくる場所ということなのですが、そうした昔からの神聖な信仰場所にもかかわらず、最近では、石塔類が心ない人によって壊されたり落書きされたりして、破損状態がひどくなっているのがとても残念です。

高王山（下発知町より）

高王山《たかおうさん》（七六五・九メートル）

1. 遊歩道コース

戸神山頂から下発知町側の鞍部まで下ると三差路に出合います。

道標があり右手に緩く下る道は下発知から戸神山に登るときのコースで、高王山へは北方に向かう遊歩道を行きます。平坦な道から少し下った所は古い地図に記載される石墨町に抜ける峠道（東石北沢）ですが廃道になって久しく、よくよく注意して見なければ気が付かないでしょう。

遊歩道はほぼ平坦に中間のコブを左手に巻き、下りに差し掛かると大きなマツの木が現れます。さらに緩い起伏を一つ越えると高王山林道の終点である駐車場広場に着きます。この林道は下牛首峠のある少し下の道路、群馬県動物管理センター近くから登ってくる道で、多少悪路ですが通行は可能なので広場まで車で来て戸神山や高王山に登る人もいます。

高王山もこの広場から遊歩道ができて容易に登ることができるようになりました。遊歩道自体は平成に入ってから造られたもので、それ以前は戸神山から道のないやぶ尾根をたどったものです。

2. スポーツ広場からのコース

リンゴ郷団地に新しくできたニュースポーツ広場から高王山に向かう遊歩道ができています。駐車場も管理棟前にあり三十台ほど駐車可能です。

山道はスポーツ広場の一番上段からで、道標が立っています。荒れ気味ながらスギ林を抜けると急な木製階段があり二十分ほど登ると、下発知方面からくるやや幅広い作業道に出ます。右手へ百メートル進むと戸神山からの遊歩道が続く鞍部に出ます。ここは鞍部というより広々とした駐車場になっていて、西側からは林道高王山線が上ってきています。石墨町からのコースを合わせると、ここはなんと五差路にもなっています。高王山までは〇・四キロと表示され、南側山腹を巻き、木製階段をいくつか過ぎると山頂に出ます。ぽっかり開けた高王山の頂上は、荒れた原っぱのような平坦地で、広い割には、樹林帯に囲まれているため展望はほとんどありません。中央にテレビ中継施設の鉄塔が二基立っています。高王山城の説明案内板があり、その東側の縁に三等三角点標石が置かれています。

アカマツの根元に小さな石祠があるのですが、これは五年ほど前、他の場所でバラバラになって放置されていた祠の一部を寄せ集めて山頂に設置したものです。

佐山町から見た高王山（戸神山の山頂部が右肩に見える）

3. 発知新田からのコース

登り口は、下発知バス停から二つ先の奈良入り口バス停です。バス停のそばにとんがり屋根の駐在所があり、その脇の小道に入ります。人家を抜け、田んぼの中の舗装道路に山手に玉原クラフトの細長い工場建物が見えます。その裏手はニュースポーツ広場で、山道は、その建物脇から右手の車道を二百メートルほど進んだ所につながります。山道といっても、頂上にあるテレビ中継塔に向かうためのもので、登山標識はなく、テレビ中継塔への表示板が目印です。小さな沢があり、じめじめとしたぬかるみの多い山道は春先、コゴミなどの山菜のほか、カタクリやニリンソウなどの花を見ることができます。時にはカモシカの姿を見かけることもあります。スギ林をジグザグに登り、尾根上に出ると造林公団の立て看板があり、それには天正寺平とありました。電柱などの人工物が少し目障りですが、あとは雑木帯の中を、道なりに登れば、頂上はすぐです。

天正寺平という地名があるのでこのコースは、おそらく高王山城のあった時代には使われていた山道なのでしょう。しかし、近年は歩く人が無く、非常に荒れてしまっているため、あまりおすすめできるコースではありません。

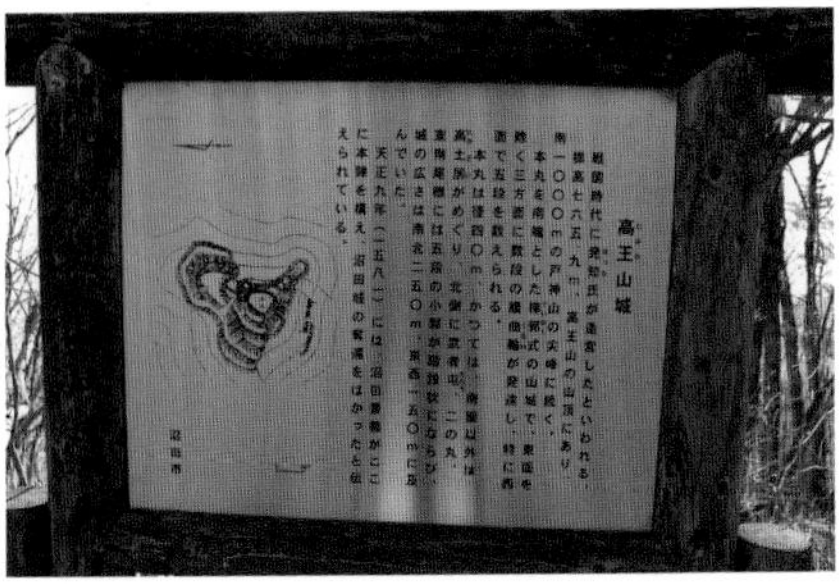

高王山城の説明版

高王山の三角点と石祠

4. 石墨町からのコース

高王山林道の終点広場は五差路になっているといいましたが、そのうちの一つに石墨町からのコースがあります。数少ない西方からの戸神山、高王山の登山コースなのですが、目下のところ倒木が多く、整備も行われず通行止めの措置が取られています。

広場から五分ほど下った場所に三十メートルにわたる倒木帯があり、ここは上か下かどちらかの斜面を迂回しなければなりません。それ以外にも倒木はありますが、道形が残っているので歩けないことはありません。元々は池田地区の下発知町から薄根地区の石墨町をつなぐ東石北沢の峠道があったコースでもあり、このまま廃道にしてしまうのは大変もったいない道です。

　石墨町からの取り付き点は、国の天然記念物に指定されている薄根の大クワより北、佐山行のバス停でいうと瀬久保となっている場所です。木材会社の貯木場がある反対側の小道から入り、人家の間を抜けスギ林に入る辺りに戸神山一・五キロ、高王山一・五キロと表示されていた道標があります。

　東石北沢の水場から先が本格的な山道となり、途中で下発知からの峠道が分かれるのですが、道形も分からないほど灌木が茂っています。ここから先は、倒木帯を抜けて、駐車場広場に向かいます。

国の天然記念物　薄根の大クワと高王山（後方の山）

平坦な頂稜が印象的
上州三峰山（一一二二・五メートル）

河内神社

上州三峰山《じょうしゅうみつみねさん》を印象づけるものは、何といっても南北四キロにもわたる細長いテーブル状の山容です。東方の椎坂峠あたりから眺めれば、それは西上州の荒船山にも似た姿です。一見どこが頂上か分からないほど長く横たわる山稜の一番手前は河内神社が祭られている追母峰、中間を吹返峰といい、一番奥の後閑峰には三角点が置かれています。

三つの峰は明確に分かれているわけではなく、山全体を見ると平坦な頂稜部が一体となって南北につながっています。その頂稜を歩くとき、周囲に見える懸崖からは想像もつかぬほど穏やかな台地を感じられます。

信仰の山として多方面から道が付けられていましたが、現在では廃道となったルートも多く、南面からは三峰林道が河内神社直下まで通じているため、昔の表参道は歩く人もなく、今では所々にその道形を残すのみです。

比較的参道らしい面影をとどめているのは旧月夜野町の師からのコースです。そのほか、比較的新しい後閑林道から三角点のある後閑峰に向かうコースがあります。

三峰沼と石祠

1．師《もろ》からのコース

　ＪＲ上越線の後閑駅から、国道を四百メートルほど南へ行き、上入《うわにゅう》の信号で左手へ入る道があります。踏切を渡り、望郷ラインを過ぎてから田んぼの中を二百メートルほど行くと、右手へ道が分かれます。分岐点には月夜野温泉センターや玉泉寺などの表示があり、右手に折れると約五百メートル先に大きな三峰神社の赤鳥居が建ち三峰山のコース案内板もあります。鳥居前を右へ、人家の間を道なりに進んで高速道路のガード下をくぐれば龍谷寺の石段が真正面に見えてきます。登山口は龍谷寺山門前の道を東へ五百メートルほど向かった場所にあります。正面に三峰山がそびえ、途中にパラグライダー（グランボレーという名称）の着陸地点となっている草地があり、畑中に飛び出した雑木帯の縁に登山口があります。アカマツの老木や石祠、馬頭観音などがひっそりと置かれ、少しだけ今でも参道としての面影を保っています。これより先、山道分岐にはすべて道標があるので迷うところはありませんが、道標はむしろ駅からこの登山口までの行程に設置してほしいところです。

　参道に入り中腹まで登ってくると一泉ノ松と小さな水場があり、細い水流が扇型の水鉢に流れ落ちています。水場でひと休みしてからまたジグザグ登って行けば、三峰林道の駐車場からやってくる参道にぶつかります。

この道はパラグライダーの人と荷物を運搬する舗装路に改良されているため参道らしくありませんが、三つ目のカーブ地点から舗装も途切れ、大きな露岩やお堂、石塔などが現れます。数百年も前から続いてきた表参道の急な石段を登り切れば赤鳥居と朱色屋根の河内神社に着きます。境内は社殿を背にして南面から東面にかけての展望が良く、雄大な裾野の赤城山と沼田盆地が手に取るようです。

ところで河内神社があるこの追母峰には平安時代の悲話が伝わります。古今和歌集の撰者の一人、凡河内躬恒《おおしこうちのみつね》は宮中の政争でこの三峰山に流されてしまいました。その母である白菊御前は息子の安否を気遣い、はるばる京からこの地までやって来たのですが、旅に疲れ、石墨町の急坂までやってくると精根尽き果て亡くなってしまったそうです。人々は息子に会えなかった白菊御前を大層哀れみ、追母薬師堂を建て、その菩提を弔いました。

ちなみに薬師堂は現在沼田市の重要文化財に指定されていて、白菊御前の亡くなった坂を精切坂と呼び、躬恒にちなむこの峰を追母峰と呼ぶようになったといいます。

神社を参拝してから西に向かえば、その上部斜面はパラグライダーの滑空場所です。草地を左手に少し登るとそこはすでに頂稜部の一角で平坦な山道が延びています。電波塔のすぐ後方に慶応元年の文字を刻む小祠が二つ祭られています。アカマツの多い樹林帯の道は山上とは思えないくらい緩やかで、十五分ほど行くと左手に三峰沼への分岐路が出てきます。道標の立つくぼ地はカタクリの群落地で知られます。沼までは分岐から五、六分の距離です。沼は二つあり、堰堤などの手が加えられ一見、人工池のようにも見えますが、子どもの頃の魚釣りの記憶などからしても昔からあった自然の池です。

手前の沼の縁を通り、奥の沼に回ると西端に道標があり、山頂に向かう道と師方面に下る道とに分かれます。

山頂方面への道は、沼の縁を北方にたどって〇・八キロ先で登山道に接続しています。沼の北側はジメジメした湿地状になっていて、ミズバショウが見られ、適地なのかその株も増えて春先は白いミズバショウの花が見事です。沼に突き出た湿地帯には文政元年の文字を刻む石祠が祭られています。

三峰山頂までは意外と奥が深く、三峰沼の分岐点からまだ三・五キロもあります。平坦地とはいっても、多少のアップダウンはあり、距離も長いのでのんびりと歩きましょう。

以前、沼と山頂の中間より東方へ佐山町へ抜ける間道があったのですが利用者があまりに少ないため道も消え道標も撤去されてしまいました。それに代わって西麓の後閑林道に向かう標識板が新たに付けられています。

後閑峰に差し掛かる辺りまでやってくると、さすがに奥深さを感じるようになり、ブナやミズナラなどの樹相も大変美しくなります。

冬間近の樹林帯は落ち葉に埋め尽くされた美しい斜面が広がります。

また、山頂直下の鞍部では五月の連休ごろにカタクリの花が多く見られます。山中にはこうしたカタクリ群落がある場所が点在していますが、登山道で見られるのは沼の分岐点とここだけです。

三峰山頂は二等三角点が置かれ、今まで展望の利かなかった分、絶景が楽しめます。北方の樹林が切り払われて谷川岳と武尊山方面の好展望台となっています。

2. 後閑林道コース

一番奥の後閑峰まで行くと「後閑林道へ〇キロ」と表示された道標が数ヵ所出てきます。この後閑林道コースというのは単純に山頂だけを目指すための道のようで、登る労力を考えれば、三峰神社からなだらかな頂稜をたどって来る方が遥かに楽です。単なるバリエーションルートというのが順当でしょう。

後閑駅から利根沼田望郷ラインの道をたどって来ると、約五キロで後閑林道の登山口が出てきます。道路脇に三峰山ハイキングコースの大きな案内板が立っているのですぐ分かります。道路脇から分かれた林道がありますが遮断機があるので車はここまでとなります。林道は一キロほど奥に進むと道標があり、それには山頂へ三・九キロ、駅へ三・九キロとあるので丁度ここが中間点ということになります。後閑林道と分かれ幅広い作業道のような道を行くと、またすぐ次の道標が現れ、ここから本格的な山道となります。よく踏まれた道で大きなアカマツ並木と日差しのよく入る雑木林を行きます。登山口から三十分ほどでスギの植林帯に入ります。道標では山頂に三・五キロとある場所です。ここで山道が二手に分かれます。右手は古くからある道で少し分かりにくいのですが

沼田市郊外から望む三峰山

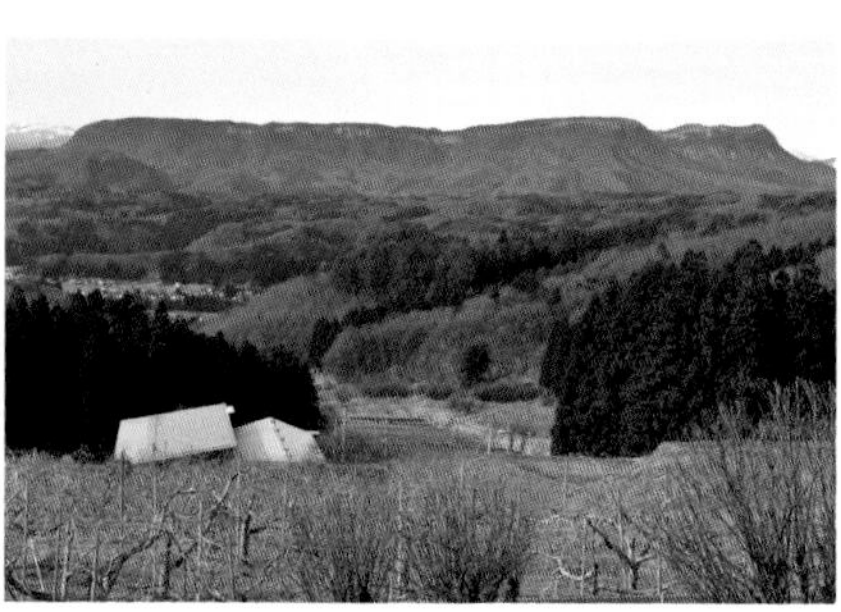

東方の川場村から望む三峰山

変化があって面白く、左手の道は直線で向かうので分かりやすいのですが変化には乏しい道です。右手の道を行きスギ林を抜けると、そこは古い伐採跡地で、現在では幼木が育っています。ここからいきなりロープのある急登となります。上部の平坦地までくると今度は岩がゴロゴロしています。昔の道標があり、その先で左手からの道に出合います。沢沿いに登ると山頂部の一角に着きます。このあと緩やかな沢沿いを歩くと後閑峰の手前で本通りの道につながります。分岐点に道標があるものの、道が一部不明となることもあるので、ピンクテープを目印に歩きましょう。

ずっと以前、山頂から石神峠へ抜ける登山道があったのですが、今ではまったくの廃道です。また、地図上に記載される東原に向かう山道も今ではその痕跡すら見当たりません。強いて縦走するなら山頂の北麓を通る三峰山林道があるので、山頂から尾根筋をたどり、山頂の西方に回り込んでいる林道支線へ降りる方法があります。しかし、このコースはその後の林道歩きが大変長いため、地元の人以外あまり利用はされていません。

（二〇二〇年一月）

後閑林道コース登山口

後閑林道への山道

三峰林道駐車場からの登山口

八束脛大明神を祭る古代から信仰の山

月夜野石尊山（七五二メートル）

石尊とは岩石をご神体として祭ったものをいい、利根沼田には石尊山と呼ばれる山は六つもあります。いずれも集落に近く古来から信仰のあった里山です。群馬県内となると石尊山と称する山は十山以上もあり、これでは一体どこの石尊山なのか分かりません。そのため近傍の地名などを頭に冠して、「〇〇石尊山」と呼んで区別することにしています。

月夜野町という美しい町名が平成の大合併によって消えてしまった現在、月夜野が地名としていつまでも記憶に残るよう山名に付加することは決して悪いことではないでしょう。

この月夜野《つきよの》石尊山《せきそんさん》は山腹に屹立した岩峰があり、八束脛大明神という神様が祭られています。八束脛《やつかはぎ》という名前のいわれは、この山に脛の長さが、握りこぶし八個分もある大男が住んでいたという伝説によります。

登り口としては、東原と穴切から、それぞれ山道が付けられていますが、登山標識といったものは見当たらず、地元の裏山そのものといった感じがします。山自体は小さなものですが岩場が多いので侮れません。望郷ラインの道路起点から二・六キロ地点に東原の十字路があります。ここを曲がって北に四百メートル入ると東原集落の最奥の人家があり、人家に向かう道を合わせると、五差路になっています。

石尊山の石祠

石尊山登山口は三ヵ所あって、一番目の登山口が、この東原の人家のすぐ裏手の舗装されていない道です。ここは沢筋で、中に入るとすぐ小さな堰堤が架かり、小川が流れています。堰堤の前を通り、竹林のところで左に折れる山道がある

月夜野石尊山（東原より）

ので、これをたどります。この道は中腹で穴切からくる山道につながっています。

二番目は、東原最奥の人家から、北側の坂道を二百メートル下り、穴切の集落に入り右手に、八束脛洞窟遺跡の案内板と標柱が立っているところです。標柱の道を進み、奥にある鳥居をくぐって、竹林、スギ林の薄暗い道をたどると、東原からの山道が接続し、その上部に白っぽい大岩が望めます。東原でも穴切でも、どちらからでもほぼ同じ距離ですが、案内板や鳥居があることから、穴切集落からのコースが正規の登拝路といったところでしょう。

三番目の登山口は、穴切集落の一番北奥にあるのですが、道がかなり荒れているため、ここでは帰路にたどる道とします。

さて、中腹の大岩へ向かうと、百段以上はあろうかという急な石段が現れます。石段を登り切ったところ、手すりの付いた岩棚に八束脛神社と書かれた祠が祭られています。絵入りの説明板によると、大岩はテラス状の洞穴（岩陰と書かれている）が縦方向に四ヵ所あり、下からA、B、C、D洞と区分され、この手すりのある祠の置かれたB洞と、最上部のD洞からは、調査の結果、多数の人骨のほか、土器、石器、腕輪、管玉などの遺物が出土され、その形態などから、ここは弥生時代中期の、火葬、風葬による共同墓地であったということが書かれています。大岩へは、神社の左手より薄い踏み跡をたどって、その頂部に立つことができます。岩上に立てば月夜野周辺の街並みや利根川の流れが一望のもとに見渡すことができます。岩峰からさらに、山頂へ向かうことにしましょう。

岩峰から山頂までは、頼りないほどの踏み跡で、冬は木の葉で埋もれてしまいます。岩場を縫って北側に進むと、山頂方向から西方に延びた尾根の途中に飛び出します。そこからほんのわずか東へ向かうと山頂です。

石尊山は四等三角点の山で、大きな石祠が祭られています。それには、弘化三年の文字を読みとることができます。樹間を通して北方に谷川岳のほか吾妻耶山や大峰山、東方は三峰山が大障壁のように望めます。三峰山の頂上から南西方向に派生してきた尾根の末端がこの石尊山であることも分かります。

帰路は、岩場の方向から登ってきた踏み跡を見送り、そのまま尾根筋を真っすぐ、西方に下ることにします。

アカマツの多い尾根筋で、下るとすぐ大岩に突き当たります。山中では、こうした岩峰があちこちに点在しています。ここは大岩の基部を右手に巻き、さらに尾根筋を忠実に下ると、鞍部の手前にまた大岩が現れます。大岩の中段には手を加えた感じの棚が見えます。ここも弥生時代の墓地であったのでしょうか。岩峰を右手に巻いて鞍部へと下り立ちます。鞍部は深い切り通しになっている峠の地形で、左右へ荒れた道が下っています。名前があるとすれば、さながら穴切峠といったところでしょうか。

足元に注意しながら南方に下ると、この峠道は誰も歩く人はいないとみえて、荒れに荒れて、とても登山コースといえるものではありません。それでも穴切集落の一番北奥に通じていて、人家の所まで出れば八束脛洞窟遺跡の標柱が立っている場所までは五、六分の距離です。それにしてもこのような立派な峠路が消えていってしまうのは本当に残念なことです。

（二〇二〇年十二月）

八束脛洞窟への石段

八束脛洞窟の石祠と案内板

北毛のやぶ山稜線を歩く

板沢山と大戸屋山

板沢山《いたざわやま》（二四六・六メートル）

板沢山は上州三峰山の北方に連なる山で、低山とはいえこの辺りの山域では冬季積雪量が二メートルくらいまでに達します。そのためいつも残雪期に歩くのですが、今回は真夏の登山です。

石神峠は沼田市の佐山とみなかみ町の道木を結ぶ古い峠で、名うての悪路でしたが今では立派な車道が通じています。峠の東側へ二十メートルほど下った所に、玉原線№19の東電標柱と送電線巡視路の入り口があります。脇に寛政十一年四月の文字を刻む馬頭観音像が置かれています。この石像は元々は峠道の脇にありました。

巡視路は二つ目の送電鉄塔までは、良く整備された山道が続きます。鉄塔基部から振り返れば上州三峰山がまるで大障壁のように大きな山容を見せています。№19鉄塔から先は踏み跡のみになりますが、明瞭な尾根筋と緩い登りが続きます。尾根筋には雑木に混じってアカマツの巨木が多くあるのですが、松ノ材線虫の被害で枯れてしまった木も多々見られます。スギ林が出てきてからしばらく進むとゴツゴツとしたアカマツの巨木に出合います。二つに分かれた幹が交差しており、まるで腕組みをして瞑想するかのごとき樹形です。この木もすでに枯死してしまいましたが、私はこの古木を「瞑想の松」と呼んでいました。

この瞑想の松からカラマツ帯を五分ほど進むと板沢山方面の尾根分岐です。この分岐点は少し分かりにくいのですが、わずかな切り開きとテープ表示がそれとなく分岐路を示しています。冬の時季ならば板沢山の中間地点に建つ送電鉄塔も確認できるでしょう。いったん鞍部まで下り、緩いコブを一つ越えると三番目の送電鉄塔に着きます。この鉄塔はコース中

石神峠の馬頭観音

で良い目印となるもので、大沼集落からこの鉄塔を目指して登るコースがきっとあると確信していたので、帰路に下ってみることにしました。

鉄塔の周辺はシラカバの疎林となっていて気持ちよい空間が広がっていますが、裏手へ踏み込むとツツジの灌木帯が邪魔をして、これより先は踏み跡も途絶えてしまいます。

岩場に錆びたワイヤーロープのあるコブを下ると、二重山稜のような地形になります。ここは帰路に迷いやすい地形な

上牧から板沢山

ので、ルートファインディングしながら尾根筋を拾って行きます。山頂近くになると明瞭な踏み跡が出てきて頂上まで導いてくれます。山頂にはプレートと三等三角点標石があり、アカメカンバやミズナラ、モミなどの木が茂り、ひとけのまったくない静かな山頂です。

板沢山は沼田から望むとどこが山頂か分からないほど控えめなピークで、西方の道木方面から望んだとき初めて明瞭なピークとして認められる山です。山頂からは高檜山方面と奈女沢方面の尾根筋が分かれていて、今回は元の尾根筋を戻ることにしました。

三番目の鉄塔まで戻り大沼方面に向かう巡視路を行きます。スギ林の中をテープ表示に導かれながら下ります。初めての道も時々巡視路を示すプラスチック杭が出てきて少し安心です。大分下った所で四割ノ沢の源頭と思われる小沢を渡り沢沿いを進むと送電鉄塔下に飛び出します。一息ついてさらに下るとすぐに幅広い林道に出合いました。後はこの林道をひたすら下れば大沼の集落にたどり着くはずです。新たなルート開発もできて、送電巡視路のおかげで大助かりです。長い林道歩きの後、大沼集落の人家を通って、県道脇にある集会所の前に出ます。終わってみればここは最初に出発した石神峠から六百メートルほど西に下った場所でした。

（二〇二〇年八月）

板沢山頂の三角点標石

抱き合うマツの古木（瞑想の松）

大戸屋山《おおとやさん》（九四〇・六メートル）

沼田の霊峰迦葉山から南方に延びる稜線は、池田地区の谷間を発知町と佐山町とに分けています。その稜線上にある一峰が大戸屋山です。しかし明瞭なピークではないため、地元の人でさえこの山を指呼する事はたいへん難しいようです。

戸屋（戸谷、鳥屋）と名の付く山は県内には結構多くて高戸谷、大戸谷などの接頭語を付けた山が多くあります。本来の意味は飼鳥の小屋（鶏小屋）あるいは野鳥を捕獲するため山中に設けた小屋に由来します。

大戸屋山は目立つピークでもないのに大と付くのは、稜線の大きな範囲を指しているからかもしれません。また、山名はあってもこの山に登山道はありません。道のない山に登るための常套手段としては、林道や作業道など、利用できる道を目一杯使って山に近づき、適当な尾根筋を見つけて登り上げるだけです。大戸屋山もまさにその通り、稜線を横切る大戸屋林道を最上部までたどってから、山頂に続く尾根筋に取り付きます。

国道一七号・硯田の信号から迦葉山・玉原方面の道に分かれ、途中から佐山リンゴ団地の表示のある道（道木佐山線）に向かいます。国道分岐点から約二十キロで大戸屋林道の起点があります。林道分岐点にある表示板は薄れてしまい良く見えないほどですが、林道に入ってすぐ四釜川に架かる赤岩橋を渡ります。大戸屋トンネルまでは約二キロの狭い舗装道路です。取り付く尾根は二つあり、一つはトンネル出口から二百メートルほど先の地点と、さらにその先四百メートルほど行った所にある尾根です。

どちらの尾根筋も道路が横切るカーブ地点になるため、両者とも五メートルに近い擁壁と岩壁になっています。トンネルに近い方の尾根から登り、帰路はトンネルに遠い方の尾根を下ることにしました。

高い擁壁は直接取り付くことはできません。擁壁手前のスギ林を登り尾根上に出ました。尾根筋は明快ですが、いきなり急登がありコブを一つ越えます。山頂まではこうしたコブがいくつかあってアップダウンを繰り返します。以前はトンネルの真上からこの尾根筋から登ってきたものです。春先にはカタクリの花がたくさん咲いていた尾根です。山頂の手前では帰路に使う予定の尾根筋を合わせます。

大戸屋山頂はとても平凡なもので展望もありません。大きなアカマツのほかリョウブ、ヤマツツジ、ヤマザクラなどが目立つ程度ですが、もう二十年以上も前に取り付けた山頂標識が今も健在だったのが懐かしく嬉しい限りです。

帰路は元来た尾根を少し戻ってから、もう一方の尾根筋を下ります。こちらの尾根の方が明瞭ですっきりした尾根筋で

大戸屋山（上発知町より）

した。

　ただし林道に降りる場所は岩壁の手前十メートル付近からで、左手の薄い踏み跡を拾って林道に降り立ちます。くれぐれも直進しすぎて岩壁から転落しないようご注意ください。

（二〇一九年十二月）

大戸屋山頂

登山者が少ない迦葉山の裏通り

迦葉山（一三二二メートル）と白樺湿原

日本一大きな天狗面で知られる迦葉山《かしょうざん》弥勒寺は平安時代の嘉祥元年、慈覚大師によって開山された古刹で、今でも参詣者は絶えません。

迦葉山そのものは標高一三〇〇メートルほどの山ですが、霊山としてその頂稜部には大きな御嶽山大神の石塔が祭られています。弥勒寺の裏手、迦葉山の中腹には和尚台と呼ばれる大岩峰があり、胎内潜岩の鎖場をたどってその岩頭まで登ることができます。さらに山頂まで足を延ばす人となれば、それはもう登山者ということになるでしょう。

ずっと以前、迦葉山の山頂から白樺湿原《しらかばしつげん》と呼ばれる小さな湿原を通り玉原に至る山道があったそうです。それは五十年以上も前の話で、その後は廃道になってしまいましたが、白樺湿原方面を示す道標が迦葉山山頂の樹幹に架かっていたのを覚えています。

どのような湿原か見たくて一度だけ山頂を越えて白樺湿原を探しに出掛けたことがあります。しかし道も無い山中では見つけることはできませんでした。

迦葉山透門から望む迦葉山

近年になって玉原ダムができたことにより、尼ヶ禿山方面から迦葉山までの山道が営林署の手によって切り開かれ、白樺湿原やその北方にあるブナ原生林の秋山平にも訪れること

迦葉山（池田より）

ができるようになりました。ここでは和尚台を経由する正面コースではなく、玉原湖方面から迦葉山を目指すことにしましょう。

玉原湖のダム管理事務所は五十台以上置ける広い駐車場がありますが、入り口の鎖解放時間は朝八時半から午後五時までのため登山時間には多少の制約があります。

駐車場からダム堰堤を歩いて対岸へ向かい、湖畔の周回道路を十分ほど行くと、左手に自然観察林の案内板が立っています。山手に向かう分岐路に入り荒れた林道を二、三百メートルほど登ると迦葉山、尼ヶ禿山方面を示す道標があります。

登山道に入れば、そこはすでにブナの森です。上部まで登り緩やかな尾根筋を北方にたどると迦葉山と尼ヶ禿山方面の

迦葉山山頂（三角点位置）

山頂台地にある御嶽山石塔

分岐点に出ます。ここは大きなブナの古木とネズコの大木が立つ峠のような雰囲気のある場所です。道標には迦葉山三・五キロ、尼ヶ禿山一キロとあり、迦葉山へは、左手の緩やかな尾根筋を選びます。以前から見れば比べものにならないくらい良く整備されており、明るいブナ林からうす暗いネズコの林に入れば、林床にはマイズルソウ、バイカオウレン、ツルアリドウシなどが繁殖し、五月連休ごろならば点々と真っ白なコブシの花も見られます。はじめの隆起部を越えるあたりから、ササが深くなってきます。二つ目の隆起部は道標が立ち、ここは迦葉山と尼ヶ禿山とのほぼ中間地点になります。ここから東方へ少し進み、ネズコのコブを下りはじめると尾

胎内潜り岩

迦葉山中腹にある和尚台の岩峰

白樺湿原

秋山平のブナ林

根筋を離れ、一帯は緩やかに広がるブナ林に変わります。ここは、膝丈ほどのチシマザサと大小のブナが茂る静かな平坦地で、秋山平と呼ばれる場所です。ササがやや深いところもあるため、足元の道形と樹幹の赤ペイントなどを確認しながら進みます。

コースは、この地点をぐるりと回り込むように作られていて、迦葉山方向の尾根筋へ向かう位置まで来ると白樺湿原と呼ばれる小さな湿原が現れます。

植物相はさほど特別なものはなく、湿地周辺をヌマガヤとハイイヌツゲなどの矮小灌木が占め、初夏にはコバイケイソウ、晩夏にはウメバチソウなどの湿原植物が見られる程度です。山道から見える湿原はほんの一部で、南東側の白樺林がある辺りまで広がっているようです。そんなところから、白樺湿原と名付けられたのでしょう。

湿原を過ぎ、いよいよ迦葉山の尾根に差し掛かると、道も大変明瞭になってきます。多分、弥勒寺方面からの登山者が、頂上を越えて白樺湿原を見にやってくるためだと思われます。

迦葉山の北斜面は、遅くまで残雪が残っているところです。このあたりは熊棚も多いため、笛や鈴などで音をたてて歩いた方がよいでしょう。

迦葉山の頂上というのは、標柱がなければ、うっかり通りすぎてしまうような平凡な場所で、道標によれば弥勒寺へ一・二キロ、白樺湿原へ一・一キロ、尼ヶ禿山までは四・五キロとあります。その標柱の根元部に三等三角点標石が埋められています。展望はあまりよくありませんが、樹間に雄大な赤城の裾野とこぢんまりとした池田地区の田園風景が遠望できます。

小ザサの茂る平坦な頂稜部を南側へ五分ほど行くと、御嶽山大神の大きな石塔があり、そこから南へ弥勒寺への山道が下っています。

（二〇二〇年八月）

白樺湿原のウメバチソウ

白樺湿原

玉原高原の山

尼ヶ禿山（一四六六メートル）

尼《あま》ヶ《が》禿山《はげやま》は玉原湖の西岸を占める山ですが、この山も鹿俣山と同様、ダム湖ができなければ登路も開けることはなかったでしょう。

禿の語源となっているのは、山頂直下南面の大崩壊地跡のことを指しています。現在では草木の茂った斜面ですが、冬期になると積雪によって、その崩壊地跡が真っ白な扇形になって現れます。「尼」は、あばくまたは表れるという意味だと考えられています。

深いササに覆われ、高さでは鹿俣山に一歩譲るとしても、南面の大展望は、なかなか味わい深いものがあります。

送電線が東側山腹を通っているため、以前はその送電線巡視路を利用して登っていましたが、今日では朝日の森からのコースが主流となっています。

朝日の森ロッジは、森林文化協会の研修宿泊施設で、一帯を朝日の森と称し、ブナ林帯の周回コースが作られています。

ここでは、最初に切り開かれた送電線巡視路のコースから登り、朝日の森へ下ることにします。

湿原の入り口を通りすぎ、しばらく進むと左手に朝日の森へ向かう道路が分かれます。

ちなみに直進する道路は藤原側の稜線に設けられたサージタンク（電力会社の水力発電施設）に通じるトンネルに向かうものです。

今回使う送電線巡視路は、トンネル入り口の左手からス

三角点標石

尼ヶ禿山

禿の語源となっている崩壊地跡

タートします。

小さな沢を渡り、登り進むとやがて送電線の走っている尾根筋に出ます。

尼ヶ禿山へは、二つ目の第五鉄塔と記された鉄塔の真下から巡視路と分かれ、西方に延びる山道に入ります。

静かなブナ林の中、山頂直下までくると、南方へ山道が一本分岐しています。これは第六鉄塔への道で、迦葉山方面の分岐地点まで行き、そこから湖面方向に下る遊歩道を利用すると、玉原湖畔へ出ることができます。

尼ヶ禿山の頂上からは南面に大展望が広がり、武尊山が間近にそびえ、眼下には玉原湖やブナの森など、雄大な眺めを堪能できます。尼ヶ禿山から先は、道もないやぶ尾根が板沢

尼ヶ禿山山頂

山や高檜山方面へと連らなっているのが眺められます。最近では西の稜線上もやぶが切り開かれてきたようで、いつかたどってみたいものです。帰路は往路を戻って途中から朝日の森へと下ります。展望はありませんが、終始ブナ林に恵まれた静かなコースです。

（二〇二〇年八月）

尼ヶ禿山頂直下の道

玉原湖（尼ヶ禿山より）

玉原周辺の歩道を行く

玉原湿原とブナ平、玉原越え

玉原湿原《たんばらしつげん》

玉原湿原は上州武尊の西山麓、標高一二〇〇メートル地点にある湿原です。六千年以上も前から存在し続け、低層湿原から高層湿原へ移り変わりゆく姿であるといわれています。

春はミズバショウやワタスゲなどの湿原植物が咲きトキソウ、サワラン、カキランなど希少なラン類も見られる貴重な湿原です。

木漏れ日のブナ林

戦後、牧場化する計画や玉原ダム建設の折にも湿原が失われそうになった経過があります。

湿原は、広さ約四ヘクタールあまり、手前のいちばん大きな湿原は一ノ原、その奥に二ノ原、三ノ原があり、周囲はブナ、ミズナラなどの森林帯が囲んでいます。

玉原湖畔の道路をいちばん奥まで行くと玉原センターハウスがあります。ゲートがあり一般車両はここまでで、駐車場から湿原までは、徒歩で十分足らずの距離です。

緩やかな道路を下ると、ブナの湧き水が山手から流れ出ていて、この清水はたいへん冷たく名水といわれています。

湿原入り口には山小屋風の自然環境センターがあり、右手の木道に入ります。木道の左手に見える小さな池は、ダム湖の影響を防ぎ湿原の水位を一定に保つために造られたものです。

例年ミズバショウが見られるのは、五月の連休のころで、

玉原湿原

小尾瀬と呼ばれる湿原を見ようと、たくさんの観光客が訪れます。今まで木道が湿原に直接置かれていたため湿原の水流を妨げ乾燥化が促進されていましたが、古い木道は撤去され尾瀬ヶ原のような高架式の木道に布設替えされました。しかし尾瀬同様に、最近ではシカによる食害の問題が出てきているようです。

モウセンゴケ、トキソウ、サワラン、カキラン、ワタスゲ、キンコウカ、ツルコケモモ、ミズギク、サワギキョウ、コバイケイソウなど約九十種の高山植物が見られる、貴重な湿原です。

木道から湿原の最奥まで進むと、湿原の南側迂回路と、ブナ平方面に向かう探鳥路とに分かれます。そのまま北に進めば、藤原湖方面に下る玉原越えの道があります。

（二〇二〇年八月）

ブナ平（ブナの森）

玉原高原の雪解けは、四月下旬ごろから始まりますが、武尊山の西麓に広がるブナ林帯では、この時季二メートル近く深い雪に埋もれています。

春先、ブナ林が一斉に芽吹くときは、新芽がまるで紅葉のような赤い色彩になって現れます。そんな時季に玉原のブナ林を歩けば、春の息吹に身も心も洗われるようです。

雪もようやく消え、登山道が現れるのは梅雨入りも間近のころです。日本海側に多いブナは、森林を構成する主要な落葉樹で、玉原高原のブナ林は関東でも最大のものです。また、ブナ林は天然の貯水池といわれるほど保水性に優れ、そこから湧き出す地下水はブナ清水といわれます。

湿原に向かう道路の途中に銅金沢があります。野鳥の案内板が立っている場所なのですぐ分かるでしょう。その遊歩道に入るとすぐに右手へキャンプ場への道が分岐しています。銅金沢のコースを進むと、そこはブナの巨木が茂る森林が広がっています。

湿原方面と鹿俣山方面の道を分けるブナ平では、小さなブナ地蔵と呼ばれる地蔵様を見ることができます。これは、ブナの根っこが変形したもので、苔むした姿が、まるでお地蔵様がたたずんでいるかのように見えることから名付けられました。

鹿俣山は、この分岐点より約二・六キロ一時間二十分ほどの距離にあります。遊歩道を北に緩やかな起伏が続く道を行き湿原に向かう分岐路を一つ分けると、一三〇二メートルの三等三角点「長沢」がある隆起部に至り、なおも静かなブナ林帯を進むと探鳥路を経て玉原湿原の北側に出ます。

ブナの森は、四季の移り変わりとともに素晴らしく、夏は山道に涼しい木陰を作り、秋には地味な黄葉とともにナメコ、ムキタケ、ブナシメジなどの優良な食用キノコが採れます。冬のブナ林帯は、まるで眠っているかのような真っ白な世界ですが、春に近づくにつれ根元の周りでは、真っ先に雪が解け出します。

早春の頃、そうした残雪のブナ林帯を散策するのはたいへん楽しいものです。樹上を見上げると、時折熊棚を見つけることもあります。ブナの森は、太古より玉原の湿原植物や野生動物をやさしく守り続けてきたのでしょう。

（二〇一〇年八月）

ブナ地蔵

ブナ平の道

玉原湿原

玉原《たんばら》越《ご》え（峠道）

玉原越えというのは、沼田の池田地方と奥利根の藤原郷を結んでいた峠道で、いつその道が開かれたかは定かではありませんが、最盛期の昭和初期までは、荷駄の往来などがあったといいます。しかしその後、奥利根の利根川沿いに鉄道や道路が開かれるようになると、玉原越えは峠道としての利用価値が薄れてしまい、猟師などがわずかに利用するだけの道となってしまいました。

玉原越えの話は、子どものころ父からよく聞かされものです。農作業が一段落する晩秋の頃になると、父は沼田から藤原の最奥にある宝川温泉や湯ノ小屋温泉まで、徒歩で旅することが唯一の楽しみであったそうです。旅の土産がクリやアケビ、ヤマブドウ、トチの実、珍しいキノコなどであったことが懐かしく思い出されます。

玉原は人里からも遠く、この辺りまでやってくると猫又が棲むなどと恐れられていたほど、辺鄙な土地であったようです。そんな中で玉原越えにおける珠玉の一編は、ぽっかりと広がる美しい湿原であったに違いありません。

私が初めて玉原湿原を訪れたのはまだ十代のころです。バスは迦葉山の透門までで、湿原までは徒歩で行くしかありませんでした。春先、湿原の周囲は真っ白になるほどコブシの

玉原越えに立つ道標（左手に下る道が玉原越え）

花が咲き乱れていて、山道の先々には、ピンク色のイチヤクソウが大群落をつくっていました。

高揚とした青春の記憶に、その時の光景が今も鮮明に残っています。その後、玉原周辺はダム湖の完成により観光地化が急速に進み、玉原越えが話題となるようなこともまったく無くなってしまいました。現在も、湿原の北側まで行くと林道を横断する場所に、藤原湖へ下る玉原越えの道があります。とっくに廃道となってしまうところですが玉原周辺の整備事業によってこの道が残されていることは大変嬉しいことです。

落ち葉を踏みしめながらブドウ坂を下って行くと、北側斜面は日陰のせいか、緑色のシダがやたらと目立ち、小さな沢が出てくるとサワグルミの大木が現れ、道筋にはカラマツの巨木が続きます。苔むした長沢に沿って進むと、水量豊富な季節には小さな滝も見られ、思わず立ち止まってしまうほどです。

下る一方の沢筋の道なので、下部では岩石などが散乱し荒れ気味になってきますがこれは仕方ありません。真冬ともなれば、このあたりは何メートルもの雪に埋もれてしまう豪雪地帯なのですから、雪解けの水の力のすごさは並ではないのです。

峠道を大分下ったところで、現実に引き戻されるかのよう

玉原越えの道

に、電力会社の舗装道路へと飛び出します。発電所の建設などによって開発が急速に進むなか、こうした懐かしい峠道がいつまでも維持され、歩かれることを祈るばかりです。

（二〇二〇年八月）

玉原周辺の山

鹿ノ俣山（一六三七メートル）

上州武尊の剣ヶ峰山（西武尊）から延びた長大な尾根が獅子ヶ鼻山で大きく隆起し、引き続く尾根筋に出っぱったコブのように見える山が鹿ノ俣山《かのまたやま》と言えるでしょうか。

「獅子」というのは方言でカモシカのことを指していて、獅子ヶ鼻山はその鼻先のように見えたのでしょう。「鹿ノ俣」の方は一段低い山なので、古人は角が生える鹿の額の形に見立てたのかもしれません。

深いササやぶとブナ林に覆われたこの山は、玉原ダムの電源開発によって開かれた山であり、現在、西側の山麓はスキー場になっています。夏には五万株のラベンダーを見るためにたくさんの観光客が訪れる一大観光地としても知られています。名うてのやぶ山も、今日では非常に展望のよい山となり、しっかりとした登山コースも整備されています。コースは二つあり、ブナ平の分岐点を登山口とするルートは、水上鹿俣線と呼ばれ、キャンプ場からは、武尊山線と呼ばれています。

ここでは起伏の少ない武尊山線を登り、下りは一部スキー場のゲレンデを使う水上鹿ノ俣線を通る周回コースを歩くことにしましょう。どちらのルートもブナ林の中、自然を満喫できるコースです。終点の駐車場は玉原センターハウスです。ここを起点にスタートします。

センターハウス脇の車止めのある道路を五分ほど歩くと銅金沢遊歩道があります。小鳥の種類を表した絵入りの案内板のところから入るとすぐに分岐路があり、右手へキャンプ場方面に進みます。しばらくは銅金沢沿いの道で、道標にはキャンプ場まで一・三キロ五十分とあり、森林帯の水平道なので気持ち良く散策できます。

樹林を抜けるとスキー場のリフトが頭上を通っています。ここは地下道で通り抜け、道標に導かれながらゲレンデや車道を突っ切るとキャンプ場に着きます。ここが実質的な鹿ノ俣山への登山口です。道標では山頂まで二・六キロ一時間三十分とあります。見事なブナ林が広がる林床は深いササやぶに覆われています。その中、よく整備された登山道はブナの大木に混じってミズナラやトチ、ホウノキなどの巨木が見られ、美しい森にしばしば足を止めて見とれてしまいます。

玉原湖と鹿俣山（草地になっている所がスキー場及びラベンダーパーク）

緩いコブを越えたところでゲレンデに飛び出したら端を歩き、再び樹林に入って隆起部を登るとそこはシャクナゲの群生地です。梅雨間近のころになれば美しい花が見られます。玉原高原の中でもシャクナゲがみられるのは唯一ここだけのようです。

シャクナゲの群生地を下った鞍部からが山頂部への登りになります。高度を上げ、ブナ林にダケカンバが混ざるようになると段々と展望が開けてきます。尾根上に出たところでゲレンデからのコースが合流します。山頂はここから間もなくです。

木立に囲まれ見透しの悪かった山頂は、ササが刈り払われた裸地になっていて、三角点は見当たらず山頂標識のみ立っています。赤城、榛名、浅間、谷川岳はもちろん、富士山まで望める好展望で、眼下には玉原湖の湖面が白く光り、たどってきたブナの森も見渡せます。

帰路は丁字路に戻り稜線に沿って進みます。ネズコやダケカンバの林を抜け、リフトの建物などが見えてくると、じきにゲレンデに飛び出します。下部のゲレンデは夏季一大ラベンダーパークとなるところです。海道富良野から株分けされた二万株のラベンダーが活着し、現在では五万株に増えて夏山リフトも運行されるようになりました。ゲレンデの草地に咲くキスゲやヤマハハコなどの花を眺めながら、再びブナの森に入ります。

山道が緩くなると道標がある三差路になり、ブナ平と呼ばれるブナの自然林が広がります。このあたりのブナは日本海型といわれていますが、関東地方でこれだけのブナ林が見られるのはおそらくここだけでしょう。

ブナ平は、スタート地点の銅金沢につながっているので、湿原を省略する場合はここから下ります。余裕があればさらに北方の歩道を進みます。分岐路のすぐ先には銘木シナノキとブナ地蔵があります。ブナ地蔵は古木の根元がコブ状に変形したもので、苔むした姿はまるでお地蔵様のようです。

稜線はさらに長沢の三角点へと続き、その手前には水源コースと呼ばれる分岐路があり湿原に下ることができます。長沢の三角点は三等で何の変哲もないササの茂るピークです。ここを下ると湿原の北側に続く道に出合います。

（二〇二〇年八月）

鹿俣山山頂

スキー場のゲレンデとリフト

鹿俣山から玉原湖とブナの森

峠の途中に見える小さな山

想台山と生枝の石尊山

想台山《そうだいさん》と石尊山は、沼田市街地から日光尾瀬方面に向かう途中、旧白沢村あたりに入ると東方に見えてくる岩山です。特に想台山は低山ながら突出した岩峰で、地元の人は眺めたときの特徴的山容からデベソ山と呼んでいます。

椎坂トンネルに差し掛かる少し手前の生枝集落には、国道左手に山門が見える観音寺があります。地元ではこの寺の裏手に当たる山を石尊山と呼び、信仰の峰としています。ちなみに観音寺の山号は想台山です。

石尊山

石尊山頂の祠

観音寺前バス停から、斜め左手に入る坂道には武尊宮の石の鳥居ともう一つ壊れかけた石の鳥居があります。額盤を見ると諏訪大明神とありました。その脇から山手に向かう道をたどると、十メートル先で左手の分岐路を行くと、二つのお宮を祭った武尊宮があります。その上段には、今度は生枝《なまえ》神社が建っており、境内には石灯籠のほか十六基もの石祠が並んでいます。この生枝神社の裏手から林道のような切り開きの先が石尊山に向かう尾根の取り付き点です。

取り付き点とはいっても道などなくて、踏み込むことがためらわれるほどです。ヒノキと雑木の境界を進むと、比較的明瞭な尾根筋が続き、登るにつれ岩っぽい尾根になってきて、ツツジなどの灌木類とアカマツが多くなります。

大分登った所で林道が横断していました。最近開通した道らしく、尾根筋は突然高さ五メートル近い岩壁で遮断されてしまいました。迂回しなければ尾根筋は登れないため、ここ

川場村から望む想台山

は林道を北側にたどりヒノキ林の斜面を登って尾根に出ることにしました。南側を迂回すると岩場の多い急斜面を登ることになり大変苦労します。

尾根筋に戻ってから山頂付近までは岩場が多くなり、北方に岩壁をまとった想台山の姿も見えてきます。椎坂峠の高さと同じくらいになったと思うころ、ようやく石尊山に着きます。頂上には思いがけず立派な石祠が置かれていました。「文政三庚辰天、五月吉日、惣村中」という文字が読みとれます。

なお山頂から南側の岩場を五十メートルほど下った地点にも大変古い石仏が置かれていて、道はありませんがそのまま下れば国道のカーブ地点に出ることができます。きっと昔は

石尊山直下にある石仏

右・石尊山　左・想台山

峠道からも石尊山への登拝路があったのでしょう。

石尊山頂からは東方の尾根筋へ一旦下ります。急坂を慎重に下ったあと再び尾根をたどりますが、露岩が多くなりマツの生えた痩せ尾根が連続します。二つ目のコブを越えると椎坂峠方面からの稜線が近づいてきて、その高みに向かって登ります。北方に見える想台山は岩壁をまとったかなり険しいものです。

高みにたどり着くと椎坂峠からの尾根筋が右手からつながって急に幅広い道になります。コナラの雑木林をたどるあたりから左手の奥に、想台山の突起峰が見えてきます。意外に大きくて急峻な様相です。「でべそ山」などと呼ばれる山であっても、侮れません。

想台山に向かう尾根筋が分かれる地点はちょっとした高みになっており、行く手に表示テープを二つ取り付けておきました。想台山の方向に派生した尾根筋に、期待したほどの踏み跡はなく、心細い限りです。それでも想台山を目と鼻の先に望む手前の小岩峰までは、容易にたどり着くことができました。しかし、その先は急峻な岩場で、進むのを躊躇してしまいまいそうです。ルートを探しながら、鞍部まで岩場を五メートルほど下降しました。

直登はとても無理なので、左手にトラバースして、そこからマツの木が目立つ岩尾根に取り付きます。小枝や岩場を手がかり足がかりにして慎重に登り続けると想台山の山頂にようやく着くことができました。頂稜部は、灌木とアカマツの茂る台地状で、祠などの信仰を示すようなものは何も見当たりませんが、石積みなどがあり、山頂プレートもしっかりと取り付けてありました。

帰路は同じルートを戻らず、西方の尾根を下ります。西端は岩場のため下降が難しいので、左手のくぼ地へ下ってから西側の尾根筋へトラバースします。

西尾根側に出るとすぐに高さ三、四メートルほどのチムニー状の岩場がありロープが掛かっています。このロープは十年以上も前に取り付けたもので、大分古くなっているため

石尊山側から見た想台山

十二宮の鳥居と祠

ロープを持参する方が安心です。岩場には驚いたことに、クリーム色の花の咲くヒカゲツツジの群落が見られました。

西方の尾根に入れば、後は歩きやすく露岩の多い尾根を慎重に下ります。眼下の生枝集落が大分近づいたところで尾根を二分するところがあります。ここは左手の尾根に向かいます。伐採跡のやぶを避けながら緩く下ると、十二宮の鳥居と元禄年間の石祠がある農道に飛び出します。十二宮というのは山の神様のことで、想台山への尾根取り付き点に祭ってあることから、想台山は古くから山岳信仰の対象となっていたであろうと推測できます。スギ林と田畑を分ける農道を十五分ほど歩けば、スタート地点の観音寺前のバス停です。

（二〇二〇年一月）

付記・奥欠山の石祠

椎坂峠は冬季積雪の難所であったことから平成二十五年に椎坂トンネルのバイパス路が開通しました。以来この峠を越す車はほとんどなくなり、峠にあった赤い屋根のオルゴール館なども閉鎖され閑散としています。

峠の南方には緩やかな奥欠山の稜線が連なり稜線沿いに細い車道が南に延びています。たどると、奥には別荘の分譲地跡があり、壊れかけた別荘地建設工事の事務所や看板が寂しく残っていました。なぜか別荘は一軒も建たずに終わってしまったようです。分譲地の名残の林の中には緑の芝生跡や石

薗原ダムの上部稜線に奥欠の電波反射板が見える

奥欠山の電波反射板

垣用の石などがそのままに、バブル時代を彷彿とさせ、物悲しい風景です。

南端近くまで来ると左手の丘に電波塔が見えます。登ると眼下に薗原湖が望め、広大な風景が広がります。電波塔の裏手は一段高く、そこには石祠が祭られていました。年号を見れば嘉永三年（一八五〇年）二月吉日と刻まれています。これは幕末の黒船来航から三年後のことで、かなり古い時代に設置されたことが分かります。

祠の置かれた所から尾根筋は南端に南郷の集落に下っています。尾根をまたいで西方に岩室の集落、東方に薗原の集落があり、かつてはこの二つの集落をつなぐ峠路があったのでしょう。

奥欠山の石祠

片品渓谷の背戸の山

高戸谷山（天狗山）

　高戸谷山《たかとやさん》は吹割の滝の対岸にそびえる山で、集落の地名である高戸谷を冠して高戸谷山と呼びます。しかし地元ではこの山の呼称としては天狗山という方がよく知られているようです。天狗山というのは高戸谷山の南側の尾根筋にあり、標高一〇〇〇メートル地点の小さな隆起にすぎませんが、ここに古い石宮が祭られています。

　高戸谷山は、片品渓谷の河岸から一気に立ち上がる急峻な山容で、その山腹には、地図上に岩場記号で記される屏風岩が見られます。古来より信仰の峰であったわけですが、近年では南側からの登山道が整備され、地元の新聞に天狗山という名称で取り上げられたりしました。天狗の峰はこのコース中では唯一展望の開けた岩場となっています。

　地元の小学生が取り付けた道標もいくつか見受けられました。後日、東小学校の校庭から高戸谷山を眺めてみると、確かに校舎の裏手に大きくそびえて見えます。地元の人たちにとって高戸谷山は、背戸の山であり、「ふるさとの裏山」を思わせるものです。

　ところで片品渓谷にある吹割の滝は、国の天然記念物に指定された名瀑で、幅三十メートル、高さ七メートルほどある横長の滝です。凝灰岩の川底を水流が浸食してできたもので、河床から突然二つに割れた滝壺めがけ、吸い込まれるように

吹割の滝

高戸谷の集落と高戸谷山

流れ落ちるさまは迫力があり、神秘的ですらあります。国道沿いにあり、尾瀬日光方面の観光ルートに当たることから、観光バスが必ず立ち寄る名所になっています。周辺は、いつも観光客でにぎわっていますが、対岸にそびえている高戸谷山を知る人はおそらくいないでしょう。

滝の下流数百メートルは、片品渓谷の美しい景観が眺められ周遊できる遊歩道もできています。高戸谷山の北側登山口は、この遊歩道の先にあり、登山道はなく、踏み跡のみをたどる急峻なコースになります。

一方、南登山口は、南側の尾根筋から天狗山を経て行くもので、北側コースが上級者向きであるのに対して、こちらは一般者向きの整備された登山道になっています。

旧利根村役場のある追貝バス停から国道方面に少し戻ります。道路の反対側、吹割大橋のたもとには、十二山神の赤鳥居や片品渓谷遊歩道の入り口などが見えます。この遊歩道を進み、階段を上り切ると天狗山の案内図が出ていました。さっぱり要領を得ないまま図の道を行ったのですが、動物の進入を防ぐ鉄柵があって通れませんでした。

そこで吹割大橋の信号機から南へ百メートルほど先に右手へ小道が分岐しているので、この道に入ります。JA（農協）建物の裏手から高戸谷集落の中ほどまで進むと、山手方向に高戸谷林道が分岐します。林道の先には遠くからでもよく目立つＢＳ放送用の高鉄塔が立っています。後は高戸谷林道を道なりに進んで行けばよいわけですが、道路沿いに設置されている天狗山への道標は、その方角や距離などが適切ではないため注意して進みます。

ＢＳ放送鉄塔から、約七百メートルほど行くと右手に登山口を示す小さな道標があります。しばらく手入れもされておらず、中に入ればかなりやぶっぽい山道です。ジグザグに登って行くと、峠を思わせるような場所に出ます。ここには、文化七年と刻まれた古い石祠が置かれていました。

高戸谷山

この山道は、おそらく集落の人々が、昔から使ってきた生活道なのでしょう。この先は雑草が生い茂り、小枝が邪魔するやぶ道となってしまいます。さらに進むと、突然、立派な舗装道路に飛び出しました。ここは、先ほど歩いてきた高戸谷林道の終点にあたる場所です。この道路脇にも、先ほどのものと同年代と思われる古い石祠が置かれていました。

次の取り付き点は、舗装道路を四百メートルほど進んだ道路脇にあります。車ならば、容易にこの登山口までやってくることができるので、先ほどの山道がやぶになってしまったのは仕方ないことかもしれません。

登山道の入り口には道標が立ち、鉄製の白い手すりが付いた階段を登った先から本格的な山道になります。

尾根筋を三十分ほど登り、鞍部を過ぎて急な岩場の道が続くようになると、展望が開けてきます。登り上げた岩石の多い隆起部が天狗山です。小さな石祠が置かれ、中に天狗様が祭られていました。外観は真新しい大理石ですが、その中に安置された石祠は、明治三十三年と刻まれていました。ここは、高戸谷集落の信仰の山として古来より参拝されてきた峰に違いありません。

冒頭にも述べた通り、天狗山はコース中では唯一展望の得られる場所で、後方を振り返れば、老神温泉を望み、また眼下には村役場、小学校、ドライブインなどの建物がマッチ箱のように見えています。滝見物の観光客などはまるで米粒のようです。時折、観光案内の放送やバイクの騒音などが下から大きく響いてくるのが不思議なくらいです。

天狗山は、旧利根村の設置した標柱でも分かる通り、標高一〇〇〇メートル地点の隆起部で一〇七三メートルの高戸谷山頂から南方へ二つ目の峰ということになります。天狗山も高戸谷山も、地図上ではまったくの無名峰であるため、両者は混同され、掛けられているプレートなども標高の違いが見られます。

高戸谷山頂は、天狗山から尾根筋をさらにたどり、隆起部を一つ越えた先にあります。ここは木立に囲まれて、展望もないかわり騒音も届かない大変静かな頂です。

北側からの踏み跡は、さらに北方へと続いていて、こちらからのコースは滝の北側遊歩道から入るコースです。倒木も多く、距離が短い分急登で、道標などもまったくないため、かなり山慣れた人向きのコースなので、帰路は、往路を戻るのが無難でしょう。

（二〇一九年九月）

高戸谷山の屏風岩

赤城山の東端に対峙する山
コムギ峠から水無山（一二七一メートル）

赤城黒檜山の裾野が根利川《ねりがわ》で終わり、その対岸に対峙する一つの山群が水無山《みずなしやま》です。地図上ではまったくの無名峰ながら、標高一二〇〇メートル足らずの小さな山塊も遠方から望むとその山容はたいへんきれいな山岳らしい形をしています。

山麓の穴原集落では、この山を水無山と呼び、古くは信仰の対象としていたようです。登山道はなく踏み跡のみの稜線歩きは、このあたりの山域にありがちのササやぶが見られないので気持ちよく歩くことができます。

穴原は老神温泉から約五キロほど南西に位置する山間に開けた三十戸余りの集落です。地図を広げると集落の東方には、ミリオン牧場やコムギ峠といった興味深く風情ありそうな地名が記載されています。

南郷橋のバス停から高沢川沿いに穴原方面に向かいます。三キロほどで穴原集落に入り、集落の外れまで行くと、弁天様を祭った弁天池があり、その池のほとりから東へ分岐する林道を七百メートルほど進むと、山の斜面を切り開いたミリオン牧場（穴原牧場）があります。牧場は現在廃止されていますが、牧柵のある所から牧草地の広がる舗装路を二百メートルほど進みます。

右手山腹には林道が上がっているのが見えます。コムギ峠を越えて菅平集落に続く峠道です。

林道を牧場の終点まで行くと、古い牧柵があり、その先か

水無山南峰と石祠

水無山

水無山（牧場跡より）

らコムギ林道が分かれます。雑草ぎみの林道ですが、勾配も緩やかで、牧場風景などを眼下に眺めつつ四十分ほどたどればコムギ峠に着きます。峠といっても、展望はなく、切り通しになっているだけの寂しい場所です。菅平へ通じている道を見やれば雑草の生い茂った荒れた道が下っています。

コムギ峠の切り通しから西方へ向かうと美しい雑木林が広がり、緩やかな台地上にはかすかな踏み跡もついています。初めの緩やかなコブは右手を巻き、次のコブも右手斜面を緩く巻いて進みます。コブを二つ超えると踏み跡は右手前方に小高く見える高みへと向かっています。明瞭な尾根筋なので歩きやすく迷うところはありませんが、最近ではシカやイノシシの足跡がいたるところについていて、そちらに引き込まれないよう注意が必要です。

北峰の高みまで登り着いたら、西端の最高地点まで進みます。そこから山頂方向（南）へ直角に折れて切り開きのある鞍部へ下降します。鞍部までは明瞭な尾根状地形ですが、そこから先、山頂まではカラマツと雑木の広い急斜面となり、踏み跡はまばらとなって消えてしまいます。ここは、表示テープなどを頼りに頂上まで、かなり苦しい直登が続きます。

水無山山頂はミズナラやカラマツの多い、明るく開けた小平地で、二等三角点が設置されています。樹間に袈裟丸山や皇海山が大きく望めます。

三角点のある山頂台地を南端まで行くと、こんもりと隆起した南峰が樹間越しに見えてきます。南峰へはツツジの灌木が茂った斜面を少し下り、右手方向に続く尾根筋へ入ると広々とした明瞭な地形が現れ、尾根通しに進めば、しっかりとした踏み跡になります。静かな雑木林は深山の趣を漂わせています。

たどり着いた南峰には、落ち葉に埋もれるように小さな石祠が置かれていました。この石祠はかなり古いもので、弘化四年（一八四七）七月吉日、願主利根村の小菅某と刻まれています。南峰は三角点のある本峰より二十メートルほど低いのですが、こちらの方がより頂上としての雰囲気があったのでしょうか。昔は水無山の奥の院として登拝されていたに違いないでしょう。

静かな山頂はミズナラの樹林に囲まれ展望は利かないものの、樹間に赤城山が間近く望めます。

帰路は本峰へ戻り、往路の尾根を忠実にたどってコムギ峠へ出ました。なにやらゆかりの古そうな名前のコムギ峠ですが、もともとはコモギ峠と呼ばれていたそうです。昔、峠越えをしようとした母子があまりの強風に子どもをもぎ取られてしまったことから、子もぎ峠と呼ばれるようになったという言い伝えが残されています。

そういえば峠の南東には、子捨て沢や子つなぎ沢などとい

コムギ峠

う沢があって、何か因縁めいた物語がありそうです。コムギ峠を南に下った所にある菅平は現在では無人集落となってしまったそうです。峠は最近になって子捨沢林道が開通し、南方へも別の道ができていて以前より少し様変わりしていました。

後は下るだけですが、山中には南峰に置かれた祠よりさらに古い文化八年（一八一一）の石祠が置かれている場所があります。コムギ峠から林道を三百メートルほど牧場側へ下った所、穴原集落に延びている明瞭な尾根上です。多分それは水無山への参道か、コムギ峠への峠道に置かれていたに違いありません。バラバラになっていた石祠を元の形に戻して粗塩と白米をお供えしました。穴原の人も今ではほとんど登ることはないようですが、二等三角点を置くだけあって、周辺からは格好の良い山として仰がれ、古来から信仰の対象であったことは十分うなずけます。

（二〇二〇年一月）

水無山の三角点

峠と集落の中間地点にある祠

沼田市街地からも見えた山
高柴（九九四・七メートル）

穴原集落の背戸を占める穏やかな裏山は、南郷集落から望むと大変急峻な山に見えます。この山に初めて登ったのは三十年以上も前のことですが、当時、国土地理院によって各地の三角測量が行われていた時期で、頂上の三等三角点標石に、高柴《たかしば》と書かれた表示板がありました。

高柴は三角点標石そのものの点名ですが、山名として呼んで良いものかどうか迷っていたところ、たまたま職場の上司が穴原出身の方であったので訪ねたところ、地元の人もやはり高柴と呼んでいることが分かり、ほっとしました。

穴原集落の一番外れの人家から二百メートルほど県道を下った場所に作業道があります。

登って行くと尾根筋に取り付くところに果樹園のような広い場所があります。ここから右手の尾根筋に取り付くと中間のコブの所までアカマツの樹林が続きます。雑木がまったくないので、ここはマツタケの発生地として地元の人が管理しているかもしれません。

緩いコブを越えると尾根上には岩石が所々露出して山頂に近い雰囲気が出てきます。左手より西方からの尾根筋が合流すると平坦な頂稜部は東端の三角点まで続いていました。静かな山頂からは眼下に薗原湖や穴原集落が望めます。

樹林の間から周囲を眺めて少し吃驚したのは、この頂上から周りの山々はもちろん、沼田市街地がよく見えたことです。市街地がよく見えるということは、逆に沼田市街地からもこの高柴が見えているということになります。今まで水無山の前山だとばかり思っていた山が実は高柴だったのです。これで市街地から見える山がまた一つ増えたことは私にとってたいへん嬉しいことでした。

（二〇二〇年一月）

高柴（穴原より）

高柴山頂の三角点

高柴（南郷集落より）

老神温泉背戸の峠路をゆく

大楊峠と大楊山

老神温泉の裏手を占める山並みの一つが大楊山《おおようさん》です。古くは大楊の集落から、山並を隔てて反対側の栗原川へ抜ける峠道がありました。それは現在でも地形図に記載されている破線路なのですが、今ではほとんど廃道状態になっています。

その峠の西方に隆起する山が大楊山で、西方稜線はさらに穴原側の万寿ヶ峰へと連なります。

一方、峠の東方にはいくつかの隆起を従えた稜線が延びていて、東端の三等三角点が点名丸野で、これより栗原川へと稜線が落ち込みます。西端の万寿ヶ峰は直下まで林道が開通しているため、登山対象から外れてしまったので、今回は峠から東方の稜線をたどることにしました。

老神の温泉街を抜けて大楊集落に入るとすぐに二荒山神社があります。その神社から一五〇メートルほど温泉寄りの所に小さな沢（水路）があり、その縁石を登って中に入ると、害獣防止のネットフェンスが出てきます。フェンスの鍵は自分で開け、中に入ったらまた元のように閉めておく決まりになっています。

奥に進むと取水用ポリタンクが置かれ、清水が勢いよく流れ出しています。手前には堰を渡る丸木橋があり、踏み跡をたどって行くとくぼ地のように溝になっている峠道になります。道形ははっきり残っているのですが、倒木や小枝などの散乱が激しくて大変歩きにくくなっています。

道形を追うのに神経を使いながら、スギ林の中を登り進むと、段々はっきりとした道形になり、標識テープなどもちら

伐採地の見える鞍部が峠

大楊山（左）と万寿ケ峰（右）・中央の橋は追貝の千歳橋

ほら目につくようになります。中腹まで来ると尾根状地形の先に十二様を祭る石塔が置かれていました。大正十三年と刻まれています。そこから先はジグザグ道を行き、薄暗いスギ林を抜けた先にも明治四十五年と刻まれた石塔がありました。

頭上に稜線が見えてきたと思ったら、今度は大規模な倒木帯です。ここを越えるのはかなりの難儀で、道形を忠実に拾いながら通過するだけで三十分もかかってしまいました。ここは迂回して右手斜面のスギ林を登った方が正解のようです。

倒木帯を越えると今度は伐採跡地が出てきます。跡地の下部で道形を見つけ、かろうじて進みますが、灌木の小枝やイバラのやぶがうるさくて仕方がありません。でもここは稜線の最低鞍部の峠を目指して登るより方法がありません。ようやくたどり着いた峠にはミズナラの古木を背にして石祠が祭られていました。ミズナラの古木は枯れていて大小の木が抱き合い寄り添い立っています。なんと親子三代にわたる巨木のようです。

懐かしい祠を拝してから大楊山へ向かいました。西の稜線は、今までとうって変わって歩きやすい作業道になっています。上州武尊山を眺めながら伐採跡の稜線を登り、樹林帯に入ると山頂まではやや急な登りが続きます。

大楊山はまったくの静かな樹林の中にあり、埋もれるほどの落ち葉の中に三等三角点がありました。

再び峠に戻って、今度は反対側の東の尾根に向かいます。石祠に祖塩と白米を供えてからを登ります。伐採跡地はすぐに終わり樹林帯に入ります。振り返れば大楊山が大きくそびえています。今回は四度目の登頂ですが、これで訪れることは最後だろうと思うと何度も立ち止まって振り返ってしまいます。

東の稜線には大きな隆起部が三つあり、一番奥に三角点のある丸野（丸ノ峰）があります。初めの隆起部に着くとそこは平坦地が広がった自然林の美しい場所でした。ミツバツツジの花を眺め、少し下ると痩せ尾根になりますが、後は中間の峰の手前までは緩やかな尾根筋が続きます。

中間峰の手前から少し岩場のある岩稜帯を登るとここも自然林の美しい平坦の台地です。南方の栗原川方面を見やれば眼下に青々とした広場が見え、その向こうの山並には鋭角的な皇海山が顔を出しています。

三番目の峰へも緩やかなスロープが続き、どこが頂上なのか分からないような台地が広がっています。アカマツばかりの樹林帯の中、三角点を探しながら歩きましたがなかなか見つかりません。ようやく一番東端に近い場所の木の葉に埋もれているのを発見しました。

帰路は丸野からそのまま尾根をたどって東端の栗原川に下るつもりでいたのですが、北側に下っている道形があったので、安易にもこれを下ることにしました。この道形は百メートルもしないうちに消えてしまい、中腹から下は急斜面の連続で、なるべく尾根状地形を選びながら道なき所を降り人家近くまで下ってきました。しかし、ここで思わぬ伏兵が待ちかまえていました。害獣防止フェンスです。フェンス脇を二百メートルほどたどると出入り口が見つかり、ようやく外に出ることができました。ところが今度はさらにその外側に電気柵があるではないですか。背丈ほどの高さで五、六本もあるので越えられません。無理にくぐれば電撃を受けます。またしても延々と電気柵をたどり、人家の裏手でやっと道に出ることができました。するとそこは最初に出発した二荒山神社の近くでした。動物の侵入を防ぐというより、集落全体

峠路途中にある石塔

をおりで囲み守っているようです。

※付記・大楊峠

ここで老神温泉の由来のことについて触れておきましょう。上州赤城山の神は大蛇で、日光二荒山の神は大百足だそうです。両の神様は、その領地を巡って戦争になったそうです。神様なのに領地を争うなどとは、いかにも人間的所業です。戦った場所が日光戦場ヶ原で、傷を負った赤城の神様は大楊まで逃げ延び、たどり着いた地面に矢を突き立てると湯が湧き出し、その湯で傷を癒やし、日光の神を追い返すことができたといいます。その地を「追う神」即ち「老神」と呼ぶようになり、老神の開湯伝説になりました。これにちなみ、温泉街にある赤城神社では、毎年盛大に大蛇祭りが行われます。ところで対戦相手である二荒山の神社が温泉街のはずれの大楊集落にあるというのも伝説に忠実です。なのに大楊の峠のことは地元の人ですらすっかり忘れてしまったとは寂しい限りです。

私が今回歩いたコースは、以前に逆方向からたどった際に峠を見つけ大楊集落に下ってきた道です。三十年も前のことでしたが、当時でも峠道は倒木や小枝が散乱した荒れた道だったと記憶しています。その後、幾度か再訪した結果、峠路に古い石塔など発見できたのは大きな収穫でした。古い時代から人の往来があったあの峠の向こうには一体何があった

二荒山神社

大楊峠の石祠

大楊山と三角点

大楊山

のか。おそらく稜線下に青々と見えていた古森と呼ばれる牧場であったのだろうと思われます。しかしながら、峠道に置かれていた明治時代や大正時代の石塔を見ると、古森のさらに奥には当時、ねりやまと呼ばれた足尾銅山木材供給の町だった砥沢集落に続く道があったのではないかと想像されるのです。

今となっては誰に聞いても峠の名称など覚えている人はいません。ですが、かつて石塔や石祠が祭られた峠道が無名なはずはありません。できることなら、この峠の名称を大楊峠と呼ばせてもらいたく思います。

（二〇二〇年五月）

片品川支流の里山歩き

水行寺山と丸山、日向平

水行寺山《すいぎょうじさん》（一三三六・九メートル）と丸山《まるやま》（一一〇〇メートル）

水行寺とは何かいわくありそうな山名です。山頂近くまで林道が走っており、平川集落から眺めるその山容は穏やかそのものですが、東面にまわると、鬼岩という大絶壁があり山様は一変します。

不動の滝

水行というのは言うまでもなく、経文を唱えながら水をかぶって身を清め修行に励むことです。鬼岩のある東面には平川の不動滝があり、古くは修験者などが滝に打たれる水行が行われていました。水行寺山はそんな歴史に由来する山名かもしれません。

水行寺山の西方に連なる丸山は、地元の呼称で、おそらくその山容から付けられたものでしょう。信仰的なものまでは分かりませんでしたが、山頂には利根村時代に建てられたテレビ放送中継用の電波施設と防災無線の電波施設があります。丸山へ続く林道は皇海山の不動沢登山口へ向かう栗原川林道の途中より道が開いていて、どちらも登山対象とするにはいささか物足りませんが、両山を結ぶ稜線上を縦走コースにしてしまえば、素晴らしい登山コースになるでしょう。

平川集落は、泙川の河岸段丘に開けた集落で、平川バス停で国道から分かれた道を下ると小学校と神社があり、いかにものどかで暖かそうな山村風景が広がっています。集落の真ん

水行寺山の鬼岩

中を流れる汧川の鎧橋を渡って左手の車道を行くと、橋から三・四キロほどで鬼岩林道の起点入り口があり、林道に入るとすぐに動物進入防止の高いフェンスがあります。鍵は自分で開け、中に入ったらまた元に戻しておきましょう。

林道とはいえ道幅も広くて立派な舗装路です。植林帯が少ない自然林の中を、約一時間ほど登ると、標高一二〇〇メートル地点の大カーブになった先で舗装が途切れます。カーブ地点のすぐ手前には山頂方向に延びている古い林道が分かれていて、カーブ地点の先には避雷針とテレビアンテナの付いた電柱が立っているので間違えることは無いでしょう。鬼岩林道の先がどこに向かっているのかは分かりませんが旧道の方を登って山頂に向かうことにしました。

この旧道は奥に行くほど草深くなってしまい、右手に横道が出てきたので北側の尾根のところまで進んでから山頂に向かいました。カラマツとミズナラの山頂は草も深く展望もありません。三等三角点を確認し見回せば、登ってきた尾根側の樹木にブルーの山頂プレートが付けてありました。一休みしてからいよいよ丸山に向けて縦走スタートです。

登ってきた方角とは反対方向の尾根筋に入ります。分かりにくいかもしれませんが山頂プレートの反対方向です。少し下ると明瞭な尾根になりその鞍部まで降りると、なんと林道に飛び出しました。途中で分かれた鬼岩林道の続きがこの鞍部につながっていたようです。ちょっとした広場になっていて、カーブミラーもありました。本来はここが水行寺山の登山口なのかもしれません。

　広場から三十メートルほど行くと再び尾根になっているので登ってみると厳しい痩せ尾根で、すぐ下に林道が通っているとはいえ滑り落ちれば大変です。水行寺山頂から見て一つ南側のコブに登ってから今度は西方の尾根をたどります。

縦走路にある石祠

時々現れるミズナラの巨木に驚きます。

　一一五一メートルの稜線につながるこの尾根歩きは今日一番のプロムナード（散歩道）です。鞍部までやってくると、このあたりには道形が残されていて、古くは山道があったようです。鞍部を過ぎて、次のコブに差し掛かる少し手前の稜線に古い石祠が祭られていました。驚き近づいて年代を見れば寛永年間のもので、そんな古い時代から道があり山の神まで祭られていたとは、感動ものの発見です。白米と粗塩、お茶など供えてから石祠を後にしました。

　祠から二つ目のコブは巨木が立つ一一五一メートルのピークで、南北に走る送電線巡視路が出てきます。巡視路を南に行くと送電鉄塔の立つ台地に至り、大展望が開けます。巡視路を南下し、たどると丸山の電波塔に向かう林道途中に飛び出しました。十分ほどの林道歩きで電波塔が立つ丸山に到着です。

　三角点などはなく、テレビ電波中継施設のほか防災無線の建物があります。山頂の平坦地にはワラビが繁茂して、まるでワラビ畑のようです。

　今日の行程は林道歩きを残すのみとなりました。一時間ほどの下りで栗原川林道の途中に出ます。栗原川林道を十五分ほど下ると追貝原の人家が見えてきます。スタートした鬼岩林道の起点まで山村集落を眺めながら三十分ほど車道を歩きます。

帰路に山名の由来になったであろう、平川の不動の滝を見て行くことにしました。

鎧橋まで戻り、小学校前の道を泙川に沿って三キロほど行くと、右手に不動堂に向かう坂道が下っています。すぐ下の駐車場に車を止めて五分ほど下るとスギの巨木が立ち、その奥に不動堂とお籠もりに使うらしい建物がありました。滝はさらにその先です。泙川に流れ込む不動沢に架かる落差四十メートルの滝は、水行にふさわしい水量と高さがありました。滝に来る途中の林道から鬼岩がそそり立つ水行寺山が見えますが、それは平川集落から見るよりはるかに迫力のある山容を示しています。

(二〇二〇年七月)

丸山山頂の電波塔

水行寺山から丸山への稜線

日向平《ひなただいら》(一二二八メートル)

この山は平川集落の上段、平原に位置する山で、不動滝のあった険しい渓谷からは想像できないくらい緩やかな山頂が広がっています。この山にも送電線が通っていて、その巡視路を利用して途中まで登ります。

国道から平原集落への入り口は、「コメリ」が目印です。集落内に入ると石仏があるところで道が左右に分かれます。右手の道をとって進み、人家が途切れて道が細くなると、その先に水神様を祭ってある簡易水道施設があります。乗用車はこの辺りまでが限界で、国道の入り口からここまで二キロほどの距離になります。

日向平山頂の三角点

日向平

水道施設の所から歩き始めると十分くらいで道が分岐し、本道の方は動物侵入防止の鉄製柵があります。開けて中に入ったら元に戻しておきます。

さらに十五分ほど歩き、送電線が頭上に走る辺りまでくると鉄塔への巡視路入り口があります。ここには電源開発只見線№１８４番の標識があります。百メートル先で尾根上に出ると№１８３の鉄塔が下から上がっているので、この尾根筋をたどるコースでもよいでしょう。今回は往路で送電線巡視路をたどり、帰路この尾根を下りました。

巡視路に入ると薄暗いヒノキ林の中を登り、抜けると明るいススキの茂る道になります。山腹を緩くジグザグに登り鉄塔下に着くと、次の送電鉄塔に向かう道が続いています。尾根に沿って進み、くぼ地に差し掛かると、踏み跡は薄くなり分からなくなってしまいました。すぐ左手には山頂方向に向かう尾根が見えたので、この尾根通りを登ることにします。左右に緩やかな隆起のある鞍部まで来ると山頂はすぐです。右手の隆起部に三角点があるはずなので向かうと北端に三等三角点がありました。ここだけ樹林の空間が開けているのは測量のためでしょう。隆起部一帯の広がりを見れば日向平という点名も納得できます。

大変寂しい山頂なので長居などはせずに下ることにしました。鞍部まで戻り、下るとすぐに巡視路から分かれて登ってきた尾根筋です。帰路は送電線巡視路に向かわず、この尾根を下ることにします。尾根筋は林業関係の人が歩くのでしょう、ずっと踏み跡が続いています。尾根から林道に出ると送電鉄塔の巡視路№.183と184の表示があります。183は今下ってきた尾根の延長上に立つ鉄塔で巡視路が下っています。184はスタートの登りに使った巡視路で、林道を下る方向を示しています。百メートルほど下れば初めに登った巡視路の入り口です。

帰路、動物侵入防止の柵を過ぎ林道を下って行くと、ノイバラの赤い実の枝などを採取している平原集落の素敵な女性に出会いました。早速地元で呼んでいる山名があるか訪ねてみましたが、子どものころからこの山で山菜採りなどしているが特に名前は無いということでした。女性は平原に実家があり、普段は東京に近い都会に住んでいるそうです。

とても山が好きな人で会話がはずみ、粘菌の生態などいろいろと教えてくれました。私にとって山に関する興味の対象がまた一つ増えました。

（二〇二〇年十月）

平坦な台地と樹林

片品川支流の山を訪ねる

峰山と三ヶ峰

平成の大合併以降、沼田市は面積が今までの約三倍以上にも増え、名前の付いている山も一挙に三十ほど増えました。地元に登るべき山が増えたのは嬉しい限りですが、中には林道歩きなどアプローチの長い面倒な山もたくさんあります。旧利根村（現・沼田市利根町）の平川集落奥にある峰山や丸山などは一体どんな山なのか訪ねてみることにしました。

峰山《みねやま》（一九八七メートル）

平川集落から、泙川に沿って山手の道をしばらく行くと、平川不動滝を示す古瀧庵不動尊の看板が立っています。そこからさらに一・六キロほどで、左手に「林道・真菜板倉線起点」と書かれた林道が分かれていて、林道の分岐には小さな馬頭観音像が置かれています。すぐ先にある奈良集落は、プレハブ小屋と別荘と思われる建物がぽつんと一つあるだけの最奥の集落で、普段は無人の地区のようです。

真菜板倉線は一キロほど奥に入ったところに車止めの遮断機があり、遮断機から先は、幅三メートルほどのコンクリート舗装路が山手に延びています。一時間ほど登って高度を稼ぐと植林樹種もヒノキからカラマツへと変わります。カーブの多い林道で、やがて舗装が途切れると今度は岩石の散らばる荒れた道になります。小尾根を周りこんだ先に看板があり、「この先、造林用仮設道につき、公団造林事業以外の車通行禁止」とあり、鎖止めの遮断機ポールがありました。この地

峰山（林道真菜板倉線より）

峰山山頂手前の雪原

点まできて初めて、目指す峰山の緩やかな山容が一番奥に望めます。ようやく行程の半分まできたところで、峰山の取り付き予定地点はまだまだ先のようです。この先、林道にはかなりの残雪があり、山手から押し出した雪と、かろうじて露出している林道の縁を選んで歩きます。シカの群れがすぐ下の谷を移動して行くのが見えました。

一五五〇メートル地点の小尾根から、峰山の南西に延びてきている稜線へはい上がる予定でしたが、三百メートルほど先の沢筋（二万五千分の一地形図上、一五九一メートルと記載されている地点）に目を向けると、雪が稜線まで残っていて、ササやぶの多い尾根筋よりは、むしろ登りやすそうに見えました。地形図を見ると林道のほぼ終点です。沢筋に入って行くと、右手は残雪の斜面、左手がヤブザサ帯となっているのでその縁に沿って登ることにしました。

沢といっても傾斜はさほどきつくなくキックステップで何とか登れそうです。所々ササやぶが雪上に飛び出しているところを乗り越え、ようやく尾根上に出ることができました。稜線上には獣道が認められ、南方には皇海山が驚くほど大きくそびえています。山頂付近になると広々した雪原が広がり快適な登高となりました。たどり着いた峰山はまだ残雪に覆われていて、残念ながら展望も針葉樹に囲まれていてまったくありません。

春を告げるマンサクの花

およそ人の登った痕跡などないと思われた山頂でしたが、ツガの小枝にテープとビニールに包まれた名刺がくくり付けられていました。それは茨城県取手市S・M氏のもので「目標一〇〇〇山登頂と四万キロ歩行、現在八百山、二万キロ」と記されていました。すごい目標を掲げて歩いてる人もいるものです。この峰山から北東尾根をたどって行けばすぐ先に三ヶ峰があります。

帰路の長い林道歩きも残雪に咲くマンサクの花に癒やされ、苦にはなりませんでした。

（二〇〇五年四月）

峰山山頂

三ヶ峰《みつがみね》（二〇三二メートル）

片品村東小川の三ヶ峰を里山と呼ぶにはいささか抵抗があるかもしれませんが、この三ヶ峰の奥には、笠ヶ岳や錫ヶ岳、日光白根などの深山・高山がひかえているので三ヶ峰などはまだまだ里山の範疇と言わざるを得ません。

三ヶ峰という名称はその名の通り本峰と東峰、西峰の三つの峰に別れていて、稜線を挟み大立沢、小立沢という二つの沢が源頭になっています。登山道は無く、山頂付近はツガやシラビソなどの黒木帯で展望もありません。およそ物好きでなければ登らない山です。

一回目は小立沢沿いの道から東方の尾根にはい上がり、北西に延びる尾根から取り付きました。二回目は大立沢のある峰山側からで、このときは残雪期を利用しての登山でしたが、三ヶ峰より峰山が目的の登山でした。そして今回は三ヶ峰の前衛峰である沼上山からの尾根をたどりました。

以前の沼上山は静かで自然林も美しい里山でしたが、平成六年にサエラスキーリゾート尾瀬ができ、半分以上がゲレンデになってしまいました。スキー場はその後、平成二十五年に廃止され、以後ゴルフ場になりましたが、これも経営が立ちゆかず、現在では広大な跡地を太陽光発電施設として利用する計画が進められているとのことです。

片品村役場のある鎌田の関越交通営業所から四・八キロでサエラ尾瀬リゾートホテルに着きます。サルやシカが遊ぶ荒涼としたゲレンデ跡を登り、沼上山に着いてみれば、そこは単なるゲレンデの最上部だったというだけで、隆起部は少しも頂上らしくありません。

三ヶ峰（片品村・岩鞍スキー場より）

三ヶ峰（昭和村・赤城北面道路より）

この沼上山から三ヶ峰に続く尾根に入って行くとカラマツ林の中、道形が少し残る平坦地になります。その先に進み、登りに差し掛かると、激しいササやぶに突入します。尾根筋を外すのはまずいので僅かな獣道など見つけてはササを掻き分けて進みますが、行けども行けども、きりがないような感じのやぶ漕ぎが続きます。見上げれば青空とシラカバの紅葉が美しいのに、目の前は背丈を超えるようなササばかりです。小立沢方面から来る尾根筋の合流地点までやってくるとようやくササやぶは少なくなり、ダケカンバ林からコメツガやシラビソの針葉樹林帯に変わります。

山頂の手前にあるくぼ地からひと登りで頂上に着きました。腰丈までのササやぶと展望がまったくない黒木樹林の頂きはあまり長居はしたくありません。普通なら二度と登る気にはならないでしょう。

しかし私はどんなやぶ山でも山そのものが好きなのですから、嫌いな山などというものはまったく存在しないのです。登った山の姿を望むとき、苦労して登った山の姿ほど懐かしく思えるものなのですから。

（二〇一五年十月）

小出屋山と点名根利、点名高泉

小出屋山《こでやさん》（一一六四・八メートル）と
点名根利《ねり》（一二五七・四メートル）

古くは銅《あかがね》街道の足尾方面や大間々方面から根利宿《ねりじゅく》を通って利根郡に入る街道は根利道と呼んでいました。現在、立派な車道が通る沼田大間々線の県道のことです。ここは赤城山と袈裟丸山の鞍部に当たり、郡界尾根を乗り越す峠を小出屋峠といいます。

この峠の東方の山、すなわち郡界尾根上にある山が小出屋山で、この郡界尾根は袈裟丸山に続いています。その途中に二等三角点を置く点名根利という山があります。代表的集落である根利の名を採用している山であればかなり遠方からでもよく見えるはずで、この辺りを代表する山と言ってよいだろうと思います。

地元の根利牧場の人に聞いてみると山の名前は無いということでした。しかし、呼び名として花ノ木という地名が残っているようです。小出屋峠の西方は赤城山の裾野で、ここには花見ヶ原という高原地帯があります。何となく関係がありそうな気がします。

小出屋山には山頂近くに高層の送電鉄塔が立っていて、峠

小出屋山山頂

小出屋山（右）と点名根利（左）の山並み

のすぐ近くから巡視路ができています。そこで点名・根利の山から小出屋山をつなぐ稜線を縦走できないか試みることにしました。

小出屋峠から大間々方面に向かい一・六キロ先、右手に花見ヶ原キャンプ場への道が分岐します。そこからさらに百メートル下ると左手に赤面林道が開いています。赤面川に沿ったこの林道を利用し、二等三角点峰まで目一杯近づいた後、三角点峰から稜線をたどって小出屋山まで縦走する予定です。

赤面林道入り口から根利方面に分かれる分岐点までは約一時間ほどかかります。中間あたりで南いわき幹線の送電鉄塔へ続く道がありますがこれを見送り、根利方面分岐点まで進みます。分岐点からのスギ林の中の道は大分荒れている上、沢沿いのため途中で分からなくなってしまいましたが、とにかく沢沿いを進むと、送電線が通る伐採地に出ました。山頂の見当を付けながら高みに向かってササ尾根を目指します。なんとか登り上げると小ザサの広がる山頂には確かに二等三角点がありました。

驚いたことに桜の花が満開です。山頂にこんな見事な桜の風景を見られることはあまり経験がありません。多分移植されたものでしょう。だからこの辺りを花の木というのかもしれません。

これから縦走すべき稜線方向を眺めれば、遙か先に小出屋山の送電鉄塔が見えるので方角は間違いありません。尾根上初めのピークまでは踏み跡がありましたが、ここから先は、小出屋山の手前までササの深い所があり、踏み跡も薄くなります。ルートファインディングしながらたどり着いた小出屋山は、周囲が良く刈り払われた展望の良い山頂で三等三角点が設置されていました。

この小出屋山には三十年以上も前にも登ったことがあります。鉄塔もなく山道もなく、山頂にはM大山岳部のプルプレートが掛かっていて、このとき初めて「小出屋山」という山名を知ったのでした。

小出屋山

小出屋山への稜線縦走は道のないササ尾根で一般的ではありません。そこで小出屋山のみの登山コースについて紹介しておきましょう。

小出屋峠は根利宿から一里ほど南にあり、根利小学校からだと四キロほどの距離にあります。峠の西方には電力会社の変電所があり、送電線が上空で交差しています。小出屋山の送電鉄塔は紅白で非常に高いのですぐ分かりますが、峠から東側に開いている林道は別の送電鉄塔につながる道なので間

水無山（左）と高泉（右）の間に小出屋山がある

違えないように。小出屋山に向かう巡視路の入り口は峠から根利方面に二百メートル下ったガードレールの終わった場所にあります。ここ最近はまったく整備されておらず雑草が茂って道があるように見えません。巡視路を示す黄色のプラスチック杭がかろうじて分かる程度です。

杭には北栃木幹線№69の表示があります。中に入ると溝を流れる水流があり、ススキの原っぱが広がっています。さらに奥へと進むと、深いササ原とアカマツの樹林帯になります。送電巡視路なので、道が無くなることはないでしょうがかなり荒れています。

中段まで登ってくると、少し開けた場所に古びたあずまや

小出屋山山道途中にあるあずまや

小出屋山山道（送電巡視路）

風の建物が建っています。送電鉄塔建設当初、展望に優れた山であり、整備された道も造ったので、電力会社としてはこの山をハイキングコースとして活用して欲しかったのかもしれません。ほとんど使われた形跡もないまま荒れてしまったのは大変残念です。

あずまやを過ぎるとツツジの灌木帯に入り、樹種がカラマツに変わります。ササは深いものの、プラスチック製の階段が続くので迷う心配はありません。やがて鉄塔脚の西側上部にたどり着きました。

鉄塔下からは大展望が開け、送電線の方角には変電所らしき建物や赤城山の黒檜山がよく見えます。山頂は鉄塔位置から少し上段にあって、小ササを跨いで登って行くとそこは腰ほどもあるササが生い茂る台地になっていました。ササやぶをかき分け、GPSを使い三角点標石を探しましたが、とうとう見つかりませんでした。

（二〇二〇年八月）

点名・高泉《たかいずみ》（一一〇七メートル）

南面に高泉川、北面に赤城沢に挟まれた山で点名はこの高泉川によるものですが、沢の源頭ということからすればむしろ北面の赤城沢の方が近いかもしれません。この赤城沢には

高泉（中央に見える山）

林道が開けていて、その奥に日本イワナセンターの養魚場があるため、休日ともなれば都会から多くの釣り人が集まってにぎわうポイントです。

宿場の面影を残す南郷集落から約二キロ、赤城沢橋の手前に赤城沢林道の入り口があります。百メートルほど奥に入ると右手に赤城沢林道の表示板があり、さらに五百メートルほど進むと沢を利用した池が三つほど連続し、道路脇にイワナセンターの広い駐車場があります。高泉への山道はないので、最上段にある池の辺りから尾根に登るのが一番分かりやすいコースです。

急なヒノキ林帯を登るとすぐ林業作業道に出合います。この作業道はイワナセンター入り口の反対側にある赤城沢四号線ですが、途中で崩壊していたり倒木などもあって使うのはあまりすすめられません。作業道を横断してさらに進むと高点に境界標識柱があり、ヒノキ林はここで終わります。その先しばらく急登が続き、幅広い斜面から左手の尾根状地形へ移ると古木に古いワイヤーロープが掛かっているのが見えました。以前この辺りは広い伐採跡地だったことを思い出しました。

少し平坦な場所にたどり着くと大きなナラやクヌギの木があり、再び登りとなります。尾根の途中から赤城の黒檜山、小黒檜山、孫黒檜山の三つのピークが並んでいるのが見えます。美しい樹林を下り鞍部まで来ると、今度は東方に皇海山が見えてきます。ようやく頂上への登りになります。踏み跡は薄くなり、ただ高みへ向かって登って行く感じです。

頂上は樹林が切り払われていて広々とした空間が広がっていました。三等三角点はそのど真ん中にあり、驚いたことに山頂プレートもありました。三角点マークと標高が記されたR・Kさんのものでした。

帰路の下りはいつも方角が分からなくなるので、往路をGPSで確認しながら下山します。

イワナセンターまで戻って来るとたくさんの釣り人がいて、山から下りてきた人間に視線が集まります。さすがに登山者姿というのは私だけなので場違いな感じです。

この点名高泉については、地元で呼ぶ山名があるのではないだろうかと思い、根利川を挟んだ東岸にある小松という集落を訪ねてみました。二、三軒しかない集落の高台からは高泉がよく見えたのですが、古老に聞いても特に山名は無いということでした。

谷間のほんの小さな台地に開けた小松の集落は、一度は訪れてみたい桃源郷です。

（二〇二〇年十月）

高泉（赤城沢橋より）

高泉より黒檜、小黒檜、孫黒檜を望む

高泉の尾根道

高泉山頂

赤城北麓にある山

点名二本楢と小黒檜山

点名二本楢《にほんなら》（孫黒檜山《まごくろびさん》）（一四〇〇メートル）

三角点の点名である二本楢（一四〇〇メートル）は当初、地名であると聞いていたので近隣集落の鷹ノ巣と勘違いし、鷹ノ巣山と呼んでいた時期があります。正式な点名である二本楢は深田久弥の『日本百名山』「赤城山」の項でその地名が出てきます。しかるに二本楢が地図上でどの辺りにあるのか、赤城北面道路の途中に二本楢橋という橋があるので、この地名から付いた点名だろうと推察できます。

そして昭和の時代まで立派な山道が山頂まで通っていました。山頂直下に送電鉄塔が立っており、当時の工事用山道であったのかもしれませんが現在ではまったくの廃道となっています。

登山口は赤城北面道路のヒカリゴケ駐車場がある場所です。駐車場から道路を挟んだ反対側、堰堤が三つ続く枯れ沢の左手から登ります。しばらく枯れ沢沿いに歩き、沢の上部で二股になるので左手の沢を行くか、右手の中間尾根を登るか選ぶことができます。どちらも小黒檜山からの鞍部まで出たら左手の尾根を行きます。明瞭な踏み跡をたどり山頂近くまで登ってくると火山岩のゴロゴロした場所が現れ、山頂らしい雰囲気が出てきます。

頂上は美しい小ザサが茂る平坦地で三等三角点と手製の「孫黒檜」と書かれた山頂プレートがありました。

南面はカラマツ林、北面がミズナラなどの雑木林で展望はあまりよくありませんが静かで落ち着ける山頂です。

赤城北面道路にも近いので、時たま通るバイクの騒音が響いてくることがありますが、訪れる人もいない寂峰です。

点石二本楢（孫黒檜山頂）

点名二本楢の登山口

点名二本楢（高泉より）

小黒檜山《こくろびさん》（一六四〇メートル）

赤城の最高峰黒檜山は旧利根村と旧黒保根村の境界を跨ぐ山ですが、平成の市町村合併により現在では沼田市と桐生市との市境界の山になっています。その黒檜山東方に延びる尾根上には小黒檜山があり、そこから下ると三等三角点を置く二本楢（孫黒檜）やその先には三等三角点の高泉があります。

黒檜山から北方に一段下がった峰が小黒檜山で、山頂には電源開発の電波反射板が立っています。ですがこの山に登る道は廃道になってしまったらしく、地図上北面道路から記される山道をすべてたどってみても、途中で深いササやぶに阻

点名二本楢（赤城北面道路より）

ヒカリゴケ

まれてしまいます。仕方なく、黒檜山から北尾根を下って小黒檜を何度か往復したことがあります。

今回は孫黒檜と同じ尾根上から逆方向（南方）に向かって小黒檜を目指すことにしました。しばらく続いていた薄い踏み跡は荒れたくぼ地の所でなくなってしまいました。前方に小尾根が見えているのでこの尾根に移ります。急坂ではありますがはっきりとした踏み跡が続いています。上部に小ササが出てきますが歩くには問題ありません。登り切れば小黒檜山から北に延びている尾根の上に飛び出します。周りは白樺林で、この分岐点はコメツガの大木が目印になります。

小黒檜山へ向かって進むとしばらくは小ザサの茂る中の道で、山頂間近になると腰から胸元近くまでの深いやぶになり歩みが遅くなります。足元を探りながらゆっくり登って行くとようやく電波反射板が見えてきました。この反射板の周りは一段高い裸地で展望もあります。三角点標石は無く、灌木に手製の「小黒檜」と書かれた山頂プレートが取り付けてありました。

すでに幾度か訪れたことのある山頂でしたが、ルート確認ができたので大満足です。

孫黒檜から小黒檜を望むと、主峰の黒檜山かと間違えるほど高く見えたのですが、小黒檜から黒檜山に目を向けると、さすが日本百名山、主峰は美しくも気品のある姿がそびえていました。

（二〇二〇年十一月）

小黒檜山の電波反射板

小黒檜山頂

赤城山・五輪ハイキングコース

五輪峠《ごりんとうげ》（一四五〇メートル）━陣笠山《じんがさやま》（一四九〇メートル）━薬師山《やくしやま》（一五二八メートル）━出張山《でっぱりやま》（一四七〇メートル）━出張峠《でっぱりとうげ》（一四〇〇メートル）

五輪ハイキングコースは赤城大沼の北側に連なる古い火口丘の名残をたどる人気のコースです。展望の良い山頂をつなぐ緩やかな起伏の山道はとても快適です。

赤城北面道路を登り切ったカーブ地点が五輪峠です。車道が乗り越すだけの何の変哲もない場所ですが、ここは旧利根村と旧富士見村との境界で、市町村合併後は沼田市と前橋市の境界線に位置しています。

山道入り口は沼田市の大きな看板の前です。手製の五輪峠表示板も木に掛かっています。

中に入ればカラマツとシラカバの疎林で、林床には小ザサが茂りツツジなどの灌木もたくさんあります。春先ならまっ白なシロヤシオの花が迎えてくれるでしょう。少し登って台地上に出ると厚生団地へ下る分岐道があります。県営キャンプ場と表示されていますが、逆方向から登ってくる場合は、東京福祉大学の研修センターの建物を目印にする方が分かりやすいでしょう。

分岐路からさらに稜線を進み、少し登れば最初のピークで

五輪峠

陣笠山

大沼と黒檜山から駒ヶ岳

ある陣笠山に着きます。広々とした山頂からは黒檜山と大沼方面が望め大展望にしばし足が止まります。

陣笠山から下りかけた所から前方に見えてくる山が薬師岳です。小ザサの茂る尾根筋は展望も良く快適な道が続いています。北方だけ展望に恵まれないのが残念です。

薬師岳に差し掛かる手前が少しだけ岩場のある急登で、登り切れば間もなくコース中の最高峰である薬師岳に到着します。ヒノキなどの黒木が目立つ山頂からの展望はあまりよくありませんが、少し先のコブには薬師如来と刻まれた小さな石塔が立っているので見て行きましょう。

薬師岳の北方は船ヶ鼻山方面に尾根筋が延びていて、山頂

薬師岳

薬師岳山頂

五輪コースの道

野坂峠

出張峠

から少し下った鞍部の野坂峠から向かう道があります。

古くは大沼の大同から沼田方面に行く峠道で、峠の道標には南に熊谷市立山ノ家〇・二キロ、北方に沼田へ二十キロの表示があります。ここから沼田方面へ行く人はいないでしょうが、この峠道は途中から船ヶ鼻山への登山道として利用されています。船ヶ鼻山は近年になって昭和村が登山道が整備したので、縦走コースとして歩くのも良いでしょう。

五輪ハイキングコースは薬師岳からさらに出張山へと続きます。コース後半を登り切ったところが山頂でここも展望の良いピークです。下れば出張峠に至ります。山頂から西面は急坂のため、コース中には珍しくロープと鎖が設置されています。

稜線の先に大きな威容で見えてくる山は鈴ヶ岳、それに続いて鍬柄山が連なります。出張峠の周辺は珍しくススキの原などがあり、他の峠から比べると一番峠らしい雰囲気を持っています。北方に下れば深山バス停方面へ、南方に下れば厚生団地のバス停です。ここでは厚生団地に向かうことにしました。

一キロほど穏やかなササ原とミズナラなどの美しい樹林帯の道が続きます。途中、鈴ヶ岳の解説板があり、それにはこの道が鈴ヶ岳の山麓を通って深山に通じるコースで、関東ふれあいの道に指定されていることが記されています。

厚生団地から逆に五輪ハイキングコースをたどる場合は東毛林間学校の建物前に登山口があります。五輪峠方面まで戻る場合は、厚生団地の一番奥にある東京福祉大学の研修センターの先の広い駐車場から稜線に戻る道があります。五輪峠と陣笠山の中間地点にあった県営キャンプ場へと案内されていたコースです。

（二〇二〇年十一月）

出張峠から鈴ヶ岳

厚生団地に下る道

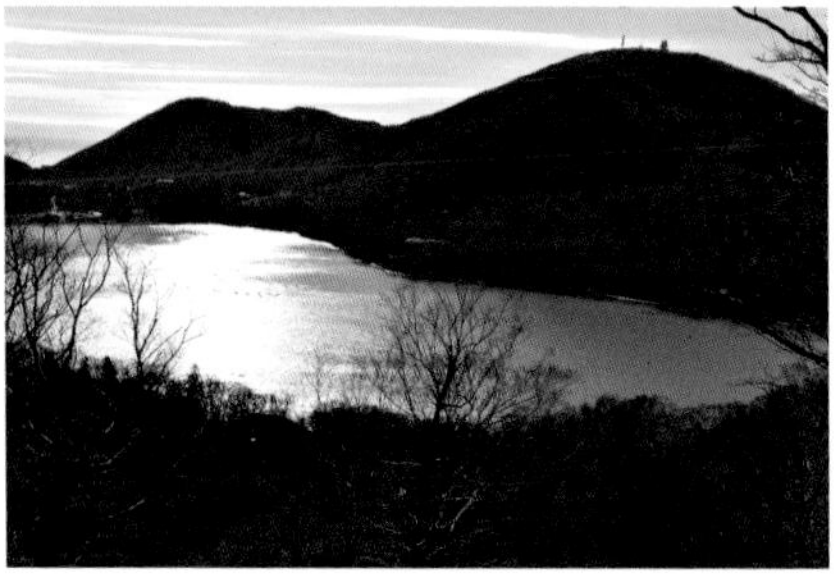

地蔵岳と大沼

五輪コース西側登山口

片品川支流泙川の山を訪ねる

丸山（一三四四メートル）

丸山《まるやま》という名称の山は全国に八十個以上もあり、いずれもこんもりと盛り上がった山容の山を指し、いかにも里山のイメージがあります。ですがこの丸山は、里山というより、秘峰に属する山といってよいかもしれません。

平川の集落から泙川沿いの林道を五キロほど奥に進むと奈《な》良《ろう》の集落があります。集落といっても今では無人のようで、別荘らしき建物とわずかばかりの畑があるだけです。

奈良から始まる平川林道は、懸崖と谷底を見ながら走る頼りないほどの細道です。一・七キロほど進むと遮断ゲートがあり、車の乗り入れはここまでになります。

ゲートから登山支度をして出発し一キロほど行くと平川隧道とあるトンネルをくぐります。路面もかなり悪化してきて落石も目立って多くなります。山側は見上げるような岩壁が続き、谷側は落ちたら助からないと思うほど深く急峻です。

ゲートから一時間ほどで赤い鳥居と十二山神の石塔がありました。目指す丸山が谷の奥に見えてきますが、林道歩きはまだ中間点まで来たにすぎません。その先で短いトンネルを抜けます。少し回りこんだところで三重泉橋を渡ります。三重泉沢は錫ヶ岳や宿堂坊山に源を発する大きな沢で、上部堰堤から清流が水量豊富に流れ込んでいます。林道はこの先より三重林道と名称を変え、その先でトンネルが出てきます。

十二山神の鳥居と石塔

丸山（山の神付近より）

三重泉隧道とあり、次四、五百メートルのところに平滝隧道があります。

丸山への取り付き点は、この三重泉隧道と平滝隧道の中間地点で、泙川の対岸に見える小尾根が唯一の登路と考えられます。しかし丸山に取り付く前に泙川を渡渉しなければなりません。三重泉トンネル出口から二百メートルほど先、路肩の擁壁が終わった場所から下の河原に下りましたが、川幅が広く適当な飛び石も見当たらず、靴を濡らすのは嫌なのでやむを得ず登山靴を脱いで冷たい川を渡ることにしました。

尾根に取り付くと、今度は息をつく暇もないほどの急登で、灌木を頼りによじ登ります。五分ほど登った所に、朽ちかけた古い電柱を見つけました。腕金に碍子《がいし》の付いた古い丸太の電柱です。昭和初期、平滝に存在したという足尾鉱山林業地の名残ではないでしょうか。いきなりの人工物に吃驚しました。

傾斜はきついもののササやぶもないのでなるべく尾根状地形のところを登って行くと、中腹からシャクナゲが茂るブナ林になり、振り返れば春先に登った峰山とそれに続く三ヶ峰の稜線が望めます。一時間ほど登り続けると、今までの傾斜がうそのように緩くなり、ようやく頂上にたどり着きました。山頂部は落ち葉が積もった広々とした台地でしたが、ミズナラの木立に遮られて、ほとんど展望が得られず少し残念です。

山頂を示すような標石もプレートもなく、訪れる人は皆無といってよいでしょう。山頂台地を一人で歩き回っていると、寂峰とはこんな雰囲気のものであろうと思いました。どんなやぶ山であっても、古里の山をまた一つ記録できたことは、それなりに充実感があり、嬉しさを感じました。

（二〇〇六年十一月）

丸山に取り付く前に渉る泙川

平川隧道

三重泉隧道

まぼろしの集落ねりやまを訪ねる

平滝と平滝住居跡

日本百名山の一つ皇海山は足尾山地の盟主たる山岳です。その上州側（西側）の裾野には、かつてねりやまと呼ばれ足尾銅山を支えてきた木材の一大供給地があり、数千人規模の集落が存在していました。

足尾銅山は明治維新以降、日本の近代化と発展に大きく貢献してきた鉱山であり、銅は日本の主要な輸出品でした。しかし明治の後半になると足尾銅山周辺の山は樹木が切り尽くされ、また精錬所から出る煙害によって山は荒れ、木材の供給ができなくなりつつありました。銅山にとって木材資源は不可欠で、坑道に使う支柱や枕木、索道橋脚などのほか、銅の精錬だけでも一トンの銅を生産するのには四トンもの炭が必要でした。

そこで足尾銅山では上州側の広大な森林を得るため、木材の運搬とすべての物資供給を鋼索で結ぶ一大供給地を造りました。これが古川鉱業の根利林業所です。木材供給地は明治三十一年に始業し、昭和十四年に足尾銅山が閉山するまで、約四十年間操業していました。その主要供給地点が根利側の砥沢と追貝側の平滝にあったのです。そこには数千人規模の人が住み、生活物資の供給はすべて足尾から鋼索によって行われ、最盛期には五千人もの人が暮らしていました。宿舎のほか、神社、学校、診療所、映画館などもある別天地のような場所であったそうです。

ねりやまというのは、山の名前ではなく、こうした広範囲の木材供給地点の総称です。中でも一番の中心地が根利集落側の砥沢にあったので、ねりやまと呼ばれていたのでしょう。

この根利と言う地名については、根利の川は南から北に向かって流れているので北から南に流れる「利根川」の反対、すなわち「根利」だという説があります。

平滝トンネル

三重泉トンネル

平滝小屋

足尾町側から皇海山に登った経験のある人ならばきっと歩いたことがある峠として、六林班峠があります。砥沢はこの峠の西方に位置します。もう道はありませんが、ひと昔前までは六林班峠から上州側に下り、砥沢集落に出て、砥沢からは延間峠、丸山峠を越えて平滝集落に至る山道がありました。古い地図にはその峠の記載がありますが現在ではまったくの廃道でしょう。

追貝から行く栗原川林道は皇海山への最短コースとして不動沢の登山コースが利用されてきましたが、落石崩壊等が多くて通行禁止となり、将来的にも整備の予定は立っていないようです。従って、行くならば徒歩しか方法はありませんが、崖崩れなどの危険箇所も多く長距離の林道歩きは非常に困難です。

泙川沿いの道にしても深い谷と急崖が連なり、行程中にはトンネルが四ヵ所、沢を渡る橋が三ヵ所もあり、奈良から約六キロ、徒歩で二時間以上もかかります。

訪ねることができそうなのは平滝の方で、こちらは追貝の最奥集落、奈良（現在は無人）から平川林道をたどります。この林道は丸山の登山でも紹介しているので省略しますが、平滝の集落跡は、平滝トンネルを越えた先にあります。

住居跡地は石垣と白樺の疎林の中にあり、青いトタン造りの平滝小屋と鋼索の架台跡、国交省設置の雨量観測施設、そのほか金属製モニュメントのようなものが渓谷側に置かれています。平滝小屋より先の林道を行くと住居跡と思われる平坦地が二ヵ所ほどあります。

一番びっくりしたのは単なる地名にすぎないと思っていた平滝ですが、現地には本当に平らな滝が存在していて、茶褐色の岩盤上を流れる立派な滝の姿に出合えたことは本当に驚きでした。

（二〇二一年四月）

平滝（上部）

平滝（下部）

愛宕山、十八坂と雷電山

愛宕山《あたごやま》（三九〇メートル・昭和村川額《かわはけ》）

利根川に沿う国道一七号の岩本駅前を過ぎると、綾戸ダムの対岸にこんもりと盛り上がった小山が見えてきます。古くから頂上に愛宕神社が祭られていたのですが、今ではすっかり寂れてしまい、石祠のみが鎮座するだけとなってしまいました。

綾戸ダムの堰堤を歩いて対岸に渡るのですが、このダムは堤体の幅が狭く、垂直で下をのぞくと今にも水面に吸い込まれそうで、実に怖い体験です。

反対側の道路に出たら北に〇・七キロほど向かいます。対岸に見える見事な岩壁やその下を走る上越線などを眺めながらのんびりと歩きます。

永井城址方面の道路を右手に分けると、その先人家があるところに清水バス停があります。堀に架かる清水橋を渡った先には老人介護施設の建物も見えます。

愛宕山への入り口は清水バス停の人家の裏手にあり、少し分かり難いのですが、中に入って行くと地蔵様と石灯籠のほかにも二つの石祠が見えます。ぱっと見て道があるとは思えませんが、草地を分けて雑木林に入れば踏み跡が現れます。地元の人がたまに歩くだけのような薄い踏み跡をたどって進みます。

左側に清水の河原が雑木林の下に見えています。中腹からはスギ林に変わり、頂上までは結構な急登ですが、わずか

利根川と綾戸峡

愛宕山

二十分足らずで登頂できます。山頂には石祠が二基祭られていて、基礎石を数えてみると、祠は四基以上あったと思われます。展望はほとんどないものの、昔からの信仰の足跡がしのばれる趣ある山頂です。

山頂から南方に四、五分たどると、尾根の南端に壊れた鳥居の残骸が散らばっていて、石柱だけが立っていました。本来こちらが正規の表参道だったのでしょう。今では車道が走る高い切り通しの上部でしかないのが残念です。

こちらから登る山道は送電鉄塔への巡視路になっていて、道路側から容易に登ることができます。永井方面から分岐している車道の入り口には送電線巡視路を示す電力会社の黄色杭があり、片品川線・№46と表示されています。こちらから登ると、愛宕山頂まではわずか五、六分の距離です。帰路は車道を利用して、遠回りしながらミニハイキングを楽しみました。

愛宕山山頂の石祠

十八坂《じゅうはちざか》（沼田市岩本町）

十八坂は江戸時代、綾戸《あやど》が通行不能の難所であったことから、参勤交代の折には沼田の殿様もこの迂回路をたどったという由緒ある古道です。

上越線の岩本駅を過ぎて約一キロ先、国道脇の人家が途切れる少し手前にその入り口があります。見上げれば八十メートルもある大絶壁が目と鼻の先にそびえ、十八坂はその手前を上り上段の上野集落とをつないでいます。つづら折りが九ヵ所あり、坂道が十八本になることから十八坂と呼ばれます。

人家の間の細道に入り踏切を渡ると、その奥に熊野神社の

十八坂の上部に置かれた馬頭観音

十八坂の地蔵様

社があります。鳥居の脇には水鉢があり、清水が流れ込んでいます。昔は旅人の喉を潤したに違いありません。

石段を登って狛犬の並ぶ神社を参拝してから山道に入ります。竹が茂る山道入り口には国土地理院の水準点があります。かなりやぶになっているところがあるのでハイキング気分というわけにはいきませんが道形ははっきりしています。倒木ややぶを分けながら、上部まで行くと八番目の曲がりを過ぎた岩棚に地蔵さまが四体置かれていました。その先には道標があり、昔の街道筋の様子がしのばれます。

右手に流れる大木平沢から分かれて東端に行くと道が二分します。ここは、左手の水平道を選びます。ここから先はあの断崖絶壁の真上の道で、崖下をのぞけば綾戸ダムの水面に水鳥が浮かび、国道を走る車まで望めます。やがて雑草茂る桃畑の中を通り舗装道路に出ると、目前にNTTドコモの高い電波鉄塔が立っていました。この鉄塔は下の国道からも一部見えるのでコース概要を知る目印になります。この道は沼田街道の西通りと呼ばれて、上野からさらに子持村の桜ノ木へとつながっていました。

十八坂の上野集落側には、街道筋であったことを示す馬頭観音が一つ置かれていました。

古くは沼田街道には東通りもあって、先に紹介した愛宕山がある利根川の対岸を通っていました。

岩壁の上を十八坂が通る

上野集落と雷電山

綾戸峡は赤城山の裾野と子持山の裾野がせめぎ合う谷間で、岩本から棚下にかけて断崖が連なっています。弘化三年に沼田の金剛院住職江舟によって綾戸に隧道が開かれるまで、十八坂は迂回路として使われたのですが、生活道としてもつい最近まで利用されていたようです。十八坂入り口に一番近いバス停は「岩本分教場下」です。

バス停先にある細道に入ると線路手前には古そうな第三分教場の校舎があります。その門柱には「川田尋常高等小學校」と刻まれていました。なんとも古めかしく時代をしのばせる書体です。

この十八坂は、上野の子どもたちの通学路としても使用されていました。

（二〇一九年十一月）

雷電山《らいでんやま》（七百四・二メートル）

十八坂の上部に開けた集落が上野《うわの》です。雷電神社は上野の信仰の神社でその御神体が雷電山です。地図上では集落の西方七〇四メートルの標高点が記されている山です。山名からして昔は雨乞いの山として信仰されたのでしょう。

車で上野の集落に行くには国道一七号の上野入り口バス停を目指します。バス停から最上部の人家の所まで進み、約一・五キロ先に火の見櫓と消防団の建物があります。ここから三、

八坂神社の石祠

上野のソバ畑と雷電山

四十メートル先を見ると山側に向かう小道が見えます。両脇に奉納の文字を刻む石柱が立つ道に入ってしばらく行くと、石段が現れ、上部には赤鳥居と社殿がありました。

境内には社務所もあり、雷電神社と八坂神社、二つの神社が祭られています。八坂神社は、雷電山に登る途中にある石祠のことだそうです。

境内には六基の石祠と石塔が並び、年代を読めば、一番左手が文化四年、一番右手が文久元年、一番大きな祠が文化三年、また一番新しいものは明治二十八年となっていました。

神社建物の脇から尾根筋に入りましたが、最近では誰も歩いていないらしくやぶになっています。しかし進むにつれ深

雷電山の三角点標石

雷電山頂

いくぼ地のような道形がはっきり残っていて、かつては参道として往来があったことが分かります。

道形を忠実に拾って二、三十分進むと少平地があり、石積みされた土台に傾きかけた石祠がありました。これが八坂神社ですが、あまりに寂れた様子に心が痛み、粗塩と白米をお供えしました。祠から先の道形は薄くなりますが明瞭な尾根筋になるので歩きやすくなります。

段々と頂上が近くなった頃、いきなり大岩が現れ驚かされました。大岩はさらに頂上部の周りを取り囲んでおり、地元ではこの岩場をザル岩と呼んでいるようです。慎重に大岩の基部を回り込み、ようやくたどり着いた雷電山山頂は、祠もなく、三等三角点が置かれただけの寂しい頂上でした。

帰路は山頂台地の先端まで戻り岩場を下り、来た道を下山しました。登ってくる時は気付きませんでしたが、八坂神社の祠より下に、古そうな境界標柱を見つけました。正面に「界八五五」という文字があり、標柱の南側に「字屋敷平」、北側に「字大木平」と刻まれています。大木平については十八坂の沢筋にその名前を残していますが、屋敷平もこの辺りの古い地名らしく興味は尽きません。

（二〇一九年九月）

雷電神社

赤城山北端の山

船ヶ鼻山（一四六六メートル）

昭和村は赤城山北面の広大な裾野に農地が広がる美しい山村です。

村の南端に位置する船《ふな》ヶ《が》鼻山《はなやま》は、標高一四六六メートルと高くはありませんが、眺める位置によっては主峰黒檜山にも匹敵するほど立派な山容を示しています。この山は、以前より赤城外輪山コースの野坂峠より尾根伝いに登っていましたが、昭和村が平成二十八年に整備した登山コースができバリエーションが広がりました。

鉄塔の立つ船ヶ鼻山

登山口（結婚の森）

登山口へは関越自動車道の昭和インターが近く、六・八キロの距離です。ちなみに昭和村役場からだと八・九キロになります。昭和インターの出口から左手に向かい、道の駅や望郷ラインの信号などを通り過ぎると横浜市の赤城林間学校があります。登山口は林間学校の先にあり、入り口には巨大なフェンスの扉が設置されています。扉の先が登山口で、動物除けのフェンスを開け、中に入ったら、また閉めておきます。鍵はかけてありません。

直線道路を五百メートル行くと、結婚の森があり、ここが船ヶ鼻山登山口になります。下段の広場は三十台は置けるだろう広い駐車場で、水洗トイレやコース案内板などがあります。

登山届が設置されているあずまやから、栖水コース四キロ（二時間）と牛石コース五・八キロの二コースが整備されています。

船ヶ鼻山（右）と黒檜山（左）

ここでは、変化のある栖水コースを登りに使い、林道歩きの多い牛石コースを下ることにしました。どちらの入り口にも動物除けの扉があるので自分で開け、入ったらまた閉じておきます。

栖水コースはスギ林の中を行き、幸福の鐘のある場所までは林道歩きです。立派な鐘は山の動物たちに合図を送るためと説明がありますが、実用的にはクマ除けです。ここから本格的登山道となりますが、赤ペイントの表示が間断なくあるため迷うことはありません。

少し登ると小さな沢を渡る所があり、わずかばかりの清水が流れていました、コース中に水場はここしか無かったのでこれが栖水のいわれでしょうか。この辺りから植林樹種はスギからヒノキに変わります。急登部分にはロープが設置してありますが、安全のためというより道順を記すためのもののようです。ジグザグ道を登り切った所の台地にナラの巨木がありました。樹齢百年以上という表示板があり、この山のご神木といって良いほどの巨木です。

先はまだ長く、樹林も落葉樹とカラマツが混じる雑木林となり、樹下にはオシダが繁茂しています。尾根に出ると小ザサの中の快適な道です。再びジグザグ道を登り切って尾根上に出るとその先にツツジ平があり、西方の展望が開けます。送電線下の切り開き部分で電線が目障りですが、浅間、榛名、小野子などの山々の眺望は抜群です。夏季にはレンゲツツジが見事なようです。

ツツジ平から尾根を横切ればすぐに高さ一三〇メートルという紅白の送電鉄塔が建つ牛石コースからの合流地点に出ます。この鉄塔は遠方からでも非常に目立つので麓からも確認できます。分岐路から山頂までは三百メートル足らず。開けた草地の道を緩く登ります。

船ヶ鼻山頂は整備されすっかり様変わりしていました。山頂標識と道標が立ち、苔むした岩上に、真新しい石祠と山の神の祠が置かれています。ヒノキとミズナラなどの落葉樹に覆われた山頂の静けさは以前と変わりなくほっとしました。山頂の少し南側に鷲岩と呼ばれる大きな岩が鎮座しています。山の刻印を刻むコンクリート標柱もあり、ここを山頂だと思い休憩していた頃を思い出しました。帰路は分岐点まで戻り牛石コースを行きます。分岐路の鐘を鳴らし、高層鉄塔を仰いでから山道を下ります。

道は送電線巡視路にもなっていて作業道のように幅広くシカやリスにも出合えました。二、三十分ほど行くと前山・船ヶ鼻林道に合流する地点に牛石の道標があります。道標脇の地面に顔を出している岩に牛の足跡が付いているので牛石と呼ばれているそうです。

林道を少し下ったところで、左手のやや草深い作業道に入ります。オシダなどが茂る道はこの後もいくつか分岐点があるものの迷うことはありません。牛石コースは大半が林道歩きで変化がなく、しかも距離が長いため下りコースに利用することをおすすめします。

登山口にある結婚の森は大変展望の良い場所で、広大な野菜畑の向こうに沼田の街並みや谷川連峰などを遠望できます。星空観察にもってこいの場所です。

（二〇一九年九月）

山頂の石祠と十二山神

鷲岩

子持山の裾野にある信仰の山

櫃山（浅間山）、鈴嶽、赤谷

旧子持村の暮沢から桜ノ木にかけて、国道一七号の北側に、少しばかり岩壁を張り巡らせたドーム型の山が望めます。北側から櫃山《ひつやま》（浅間山《せんげんやま》）、赤谷《あかや》、鈴嶽《すずだけ》と呼ばれ、これらの山は旧子持村に属する山で、子持山の一部分です。信仰の里山として紹介しておきます。

櫃山は地元では浅間山と呼んでいる山ですが、子持山の南

櫃山山頂の石仏（女神像）

稜線上にある一〇八八メートル峰も同じ浅間山と呼ぶので、区別する意味でここでは櫃山としました。小山ながら、なかなかの立派な山容で、きっと子持山の裾野に隆起した寄生火山に違いありません。桜ノ木や暮沢の集落の役員さんが、毎年五月八日の浅間様のお祭りに供物を持って、この山のお宮にお参りする習わしがあるそうです。

鈴嶽と赤谷は櫃山の西隣に続く峰で、古くから信仰の足跡を残す里山です。車がビュンビュンと走る国道端から立ち上がっている山に注目する人は地元の人以外、皆無でしょう。

暮沢は暮沢バス停近くのタバコ屋さん脇にある沢の名前です。昼過ぎにはすぐ日が陰ってしまうため集落の名前になったといいます。

その沢沿いの道路脇に稲荷様の石祠が二つ置かれています。人家はなく祠だけが残されています。さらに百五十メートル離れた国道脇にも石祠が祭られていました。初めは昔の街道に対して置かれたものとばかり思っていたのですが、どうやら背戸の山に対して祭られた山ノ神の祠ではないかと思

右から櫃山、赤谷、鈴嶽

い至りました。石祠には明治八年の文字が刻まれており、その位置は赤谷の尾根筋に当たります。赤谷も鈴嶽も今では山道の痕跡すら無くなってしまいましたが、既設の林道や送電線巡視路を使えば両山とも比較的容易に登ることができます。

櫃山《ひつやま》（六一五・六メートル）

桜ノ木バス停を降りると、すぐ先に国道から分かれた林道桜木線が開いています。この道は、綾戸峡が通行不能の難所であった時代に沼田街道西通りと呼ばれた古い街道で、入り口には今でも寛政年間の馬頭観音や双体道祖神などを見ることができます。蜀山人（天明～文政期を代表する文人狂歌師、大田南畝）の狂歌を刻む石なども置かれています。

林道に入ると、人家近くの道路脇にも宝永年間の石祠や石塔などが見られます。真正面に尾根の末端が降りていてやぶ漕ぎでこの尾根筋に取り付きました。尾根上には赤ペイントや赤テープなどがあり、わずかながら踏み跡も見られます。

百メートルほど登った所に、ちょっとした屹立する岩があり石祠が祭られていました。地元の人が十二様と呼ぶ祠で、それには「三峯山大権現・享保十八歳」と記されています。明瞭で明るい雑木林の尾根が続きます。所々大きな露岩が

櫃山（浅間山）

点在しているのを見ると、この山は寄生火山のように思えます。振り返ると、赤城山の裾野が大きく広がり、上州武尊山も見えてきます。しばらくするとササが出てきます。しかし密叢ではないので歩くのに支障はありません。ササが終わると平坦な尾根となり、やがて送電鉄塔の下に出ました。

送電線巡視路が北斜面から上ってきていて南斜面へと下っています。左手頭上には鉄塔の立つ櫃山頂上が見えているので、この巡視路をたどれば頂上に簡単に行けそうですが、ここは巡視路を使わずそのまま尾根筋を詰めて行くことにしました。緩い尾根が続く途中、左手から荒れた道（先ほどの送電線巡視路）が上ってきています。

山頂直下になると、渋川森林組合の林業作業道を示す表示板が現れ、「櫃山線」と記されています。作業道はなんと、五差路になっていて迷いそうですが、結局どの道にも入らず、目前の尾根を進みます。すぐに頂上の台地上に出て、送電鉄塔下に着きました。

鉄塔の回りは伐採したままの状態で伐木が散乱し歩き難く、しかも一面枯れススキが茂る寂しい頂上です。展望は送電線が延びている切り開きの方向のみです。奥に見えるスギ林へ入り東端まで行くと、平坦地が広がり、多少頂上らしき雰囲気がありました。

地元の人がお参りするという浅間様は、この台地上ではなく、少し南側に下った場所にあります。五差路になっていた作業道を使って来るとすれば、一番左手の道を登ります。送電鉄塔位置を過ぎた辺りから、右手のスギ林の奥をよく見ると、石の鳥居が立っているのが見えます。

浅間山とか富士山と呼ばれる山の大半は、江戸時代に興った富士浅間神社を総本社とする富士山信仰によるもので、各地の里山には富士浅間山が分社されています。この鳥居の額にも富嶽廟とあり、石祠には富士大権現の文字が見られます。

立派な石の台座の上には、三体の石仏が並んでいます。珍しい女性の石仏で、暮沢のタバコ屋さんの話によれば、養蚕の神様を祭ったものであるとのことです。もし養蚕の神様であるなら、インドから稲作と養蚕を伝えたという、稲含山の豊稲田姫《とよいなだひめ》でしょうか、それともここ子持山の裾野ということからすれば、子持神社の祭神、木花開耶姫《このはなさくやひめ》でしょうか、詳細は分かりません。年代を見ると、鳥居には「時、寛政五年歳次癸丑初冬良辰」とあり、石祠の方には「享保貳拾歳」あります。いずれも江戸時代のもので、当時これを建立した四つの村名が記されています。

傍らには古そうなアカマツの古木が一本立っていて、北側は薄暗いスギ林、南側は明るい雑木林に分かれています。眼下は頻繁に車が通る国道が通り、利根川の対岸には棚下あたりの長閑な山村風景が広がっています。

帰路は往路の尾根を忠実に戻ることにしましょう。安易に西側の沢（暮沢）を下ってはいけません。なぜなら断崖絶壁があちこちに待ちかまえており、非常に危険だからです。地元の人の話では、昔は暮沢からも沢沿いに山道があったそうですが三陸沖大地震の折、大規模な崩壊が発生して登れなくなってしまったということでした。

ちなみに、そのルートを後日たどってみたところ、道形は確かに途中まで残っていましたが、聞いていた八海山の石塔も見当たらず、沢の上部は崩壊が進んでいました。周りはすべて断崖絶壁、取り付いてはみたものの、まさに進退窮まるような場所を越えなければならず非常に怖い思いをしました。たかだか六百メートル足らずの低山とはいっても、決して侮ってはいけません。

（二〇一五年一月）

鈴嶽《すずだけ》（六一九・九メートル）

鈴嶽に向かう林道の入り口は国道一七号線沿いにあるゲームセンターを併設した白樺食堂です。食堂の脇に林道入り口があり店の裏手の岩棚には、赤い社の不動尊が祭られています。これが大平林道で、舗装してあるので車の通行も可能ですが、落石の多い細道です。

林道を一キロほど進み、送電線が頭上を通過する位置まで来ると、舗装も途切れて砂利道になります。送電線巡視路の入り口はまだ先になります。さらに五、六百メートル進むと大カーブの先から右手へ山道が開いています。そこから五十メートル先に送電巡視路を示す電力会社の黄色杭が立っています。しばらくスギ林ですが、登るにつれて落ち着いた雑木林に変わります。

山頂部は東西に細長く両端に送電鉄塔が立っています。巡視路はまず西側の一六六番送電鉄塔を通ります。山頂部を東へ向かうと、三等三角点のある場所に石祠が二つ祭られています。大きい祠には「鈴嶽神社」と刻まれていました。東端まで行くと一六五番送電鉄塔が立っています。ここから赤谷や櫃山がよく見えます。鉄塔から巡視路を東に下ると、北側の山腹を巻く小沢林道の支線道路に出ることができます。

（二〇一九年四月）

鈴嶽の石祠

鈴　嶽

赤谷《あかや》（五六〇メートル）

赤谷は櫃山と鈴嶽の真ん中にある山で、東面に見られる褐色の絶壁が山名の由来になっているようです。低山ながら絶壁が連なる山容は特徴的です。

小沢林道の入り口は、前記の大平林道入り口から国道を八百メートルほど北に向かった場所にあります。一番近いバス停は「一軒家」で、すぐ先にコンビニ店があり、さらに下った所にはモツ煮定食のＴＶ放映で有名になった永井食堂があります。

入り口に林道表示はあるものの、両端に人家が並んでいるため少し分かり難いかもしれません。林道は人家を過ぎると奥に畑が続いていて舗装路になっています。五百メートルほど進むと畑は途切れ、スギ林を抜けた先に庚申塔が立っています。周囲に石仏がいくつも置かれ、石祠は五つも祭られていました。

さらに進むと、頭上を送電線が横切る辺りで小沢線の支線林道が左手に分かれます。この支線道路が前述の鈴嶽から下ってくる送電線巡視路につながっています。

赤谷はここで右手の分岐林道を行き、カーブを一つ過ぎた先に送電線巡視路があります。明瞭ですが荒れた道をジグザグと登り、鉄塔に向かいます。鉄塔下はきれいに刈り払いされているものの、山頂まではちょっとしたやぶが続きます。数十メートルなので容易に越えられるでしょう。赤谷山頂はスギ木立の中にあって、信仰を示すようなものは何も見当りませんでした。

後日、この赤谷を石祠のある国道側から登ってみました。道など無いと思っていたところ、祠の裏手に山道が開いていて、初めは林業作業道だろうと思っていましたが、五分ほど登った場所に岩峰が現れ、岩棚に立派な祠が祭られていました。後日暮沢のタバコ屋さんで聞くと、金比羅様を祭ったもので年二回お参りをしているそうです。

ここから先はまったく道がなく、転げ落ちそうな急斜面をヒヤヒヤしながら登りました。途中作業道のような道も出てきましたが、古そうで使えないと判断し、そのまま突っ切って進みました。穏やかなナラの樹林帯になるとその先が頂上です。東隣の櫃山を眺めれば暮沢からのコースは険悪な岩壁に囲まれていて、危険で登れないと確認しました。

赤谷の帰路も慎重を極めました。地形が複雑で尾根筋が読めません。東側には岩壁があるので近づくのは危険です。また西側に下れば尾根筋が大変急な地形をともなって仙ノ沢に落ち込んでいます。仙ノ沢は岩場記号もある土砂流出危険防止沢のため近づくのは危険です。

やっとの思いで下降し、最後は岩石の滑落防止ネットを使って下りてきました。高いネットフェンスや擁壁のため道路に降りられず、やっと見つけたわずかの隙間は、永井食堂の裏手に見えているやぶ尾根でした。とんでもないイバラのやぶから人が降りてきたものですから食堂の客もびっくりです。

このコースはとても勧められたものではありませんが、金比羅宮までは一度訪れてみると良いでしょう。

（二〇一九年十二月）

赤　谷

古い峠路から稜線をたどる
栗生峠と御前平

御前平《ごぜんだいら》はその昔、沼田会津街道が通じていたとされる栗生《くりゅう》峠《とうげ》の北方に位置する山です。

利根町の大原集落から眺めれば背戸の山といった感じになるでしょう。

地形的に見ると西の田代山や東の高戸谷山とも稜線を連ねていて、また西麓には白沢川の源頭部がきています。この川は白い河床がその名前になっており、以前の村の名称（白沢村）にもなっていました。今から四九〇年前の享禄三年、沼田の城を築いた沼田万鬼斎はこの白沢川の水を城下の用水とすべく水路の開削を行っています。今日においてもこの川は城堀川と呼ばれて沼田市民に親しまれています。

峠下の栗生隧道は大正九年（一九二〇）に造られたトンネルで、このとき初めて車道として開通し国道に昇格しましたが、この道は交通の難所であったため、その後南方の椎坂峠へと国道は変遷し（昭和三十九年）さらに現在ではバイパス路としての椎坂トンネルが開通（平成二十五年）しています。

国道の高平上バス停から分かれた旧道は四・一キロで栗生隧道に着きます。延長三二〇メートルの隧道は大正時代に造られた後、平成九年に大改修がなされて今では立派なトンネルに生まれ変わっています。トンネル手前は広い駐車場で北側には遮断機のある林道が開いています。その奥には白沢川の栗生ダム堰堤が見えます。

三等三角点御前平

栗生トンネル付近

栗生峠《くりゅうとうげ》（九六〇メートル）

トンネル脇（右手）からやぶを漕いで峠があったと思われる稜線鞍部へ登ってみることにしました。隧道ができた当時から百年が経っていれば道形など残っているはずもなく、尾根状地形を選びながら登って行きました。ずり落ちそうな急斜面と岩場はさぞかし難路な峠路であったろうと思います。ほぼトンネルの真上と思われる稜線に出てから、南へ二、三十メートル行った場所に大きなマツの古木と石祠がありました。この祠には「明治四十三年十一月」「雷神社」とありました。雨乞祈願の祠のようで、この祠を峠に置き祈願した大原集落の人物名が刻まれていました。

この稜線は旧白沢村と旧利根村との村界尾根（現在は町界尾根）で、御前平は稜線を北方にたどればよいのです。

峠が確認できたので、今度は登ってきた方角とは反対の大原側へ下ることにしました。

トンネル位置から少し北よりの急斜面をソロソロと下ると、石祠のあった方向から段差のある道形のようなものが出てきました。この道形らしき段差は幾度もジグザグを切って下っていきトンネル出口近くで消えてしまいました。それでも古い峠路であることは間違いありません。ただし、そこにはすでに木が茂り、歩けるような道ではなかっただけです。

栗生峠の石祠

大原側の峠道は集落にも近いので近年まで登る人もいたはずです。栗生峠の石祠とほんの少しだけ残っていた道形を確認できただけでも今日一番の収穫でした。

御前平（一一三一・四メートル）

栗生峠や稜線上のコブを登るのを省略してすぐ御前平に登りたい場合には、林道赤倉栗生線を利用します。赤倉栗生線は栗生トンネルの大原側出口から分岐して東麓を北上する舗装林道です。御前平の直近まで林道を行き最短距離で登ります。

トンネル出口から林道を一・六キロ登った場所の大カーブ地点は、主稜線からの枝尾根が延びてきていて、林の中に「細久保」と刻まれた石柱や「林道小沢線開設記念碑」の大きな石塔などが立っています。カーブ地点は道路幅も広くなっており三、四台分の駐車は可能です。小尾根のある正面は切通しのような高い壁で登れませんので、擁壁が切れる場所を見つけて登ります。

この小尾根上にも多少の踏み跡はあり、急登ながら主稜線まではすぐに届く距離です。

主稜線に出ると明瞭な踏み跡があり、後は比較的緩い尾根が続き、境界標柱の赤いプラスチック杭が山頂まであります。

やぶも倒木もほとんどないので楽に歩けます。

　山頂に近づいたと思われる所まで進んでくると石に囲まれた三等三角点標石がありました。しかし尾根の先にはまだ高点が感じられるので五十メートルほど先まで進むと頂上を思わせる雰囲気の良い場所がありました。展望はまったくありませんがミズナラやカシワなどの緑の樹林に、ヤマツツジの花が彩りを添えていました。

　帰路で気を付けねばならないことはきた小尾根を忠実に戻ることです。他の尾根筋が難しいわけではありません。問題は道路に掛かっている擁壁の存在です。道路の大半は高い擁壁になって続いているため、うかつに違う場所に出てしまうと道路に降りることはできなくなります。擁壁を知らずに踏み外せば道路に転落してしまうこともあり危険です。比較的容易な山ですがコース選択には気を付けねばなりません。

（二〇二一年六月）

御前平（栗生ダムより）

ミリオン牧場から根利の稜線へ

万寿ヶ峰と姫篠

万寿《まんじゅ》ヶ峰《がみね》(一三一二・二メートル)

万寿ヶ峰は老神温泉の東方稜線に位置する山で、別名、満重山ともいわれています。

ミリオン牧場(穴原牧場)の奥からはコムギ峠への道と東方に向かう沢沿いの道とが地図上に記されています。万寿ヶ峰に行く沢沿いの道は倒木や岩石などで大変荒れています。

それでも道形はわずかに残っていて何とかたどることができそうです。赤ペイントの目印もあり枝沢のある分岐でも迷うことはありません。しかし沢筋を五百メートルほど進んだ所で、左手に赤い杭と「山」と刻まれた石柱などが出てきて、左手の斜面へ登路が移るところだけは注意が必要です。

沢沿いの道をそのまま行くと倒木帯があり歩くことが困難になる上、尾根上に出るまでの道もまったく残っていません。左手の急斜面に移って進めば、上部で明瞭な尾根に出ることができます。岩場を登り切った場所は牧場の北側から続いている尾根筋の一角です。この地点にも分岐点を示す赤い杭や山の石柱、境界見出し標などがあります。この牧場方面から来る尾根筋はやぶもなく順調にたどり送電鉄塔の下まで迷わず登ってくることができます。この尾根の途中では、沢から来るはずの道などまったく見当たりません。また鉄塔の手前から右手へ送電線巡視路が下っており、ここは帰路で間違いやすく、そのまま下ってしまうとコムギ峠方面に行ってしまいます。

たどり着いた一番初めの送電鉄塔で一休みしたあと、今度は左手に見えている二番目の鉄塔を目指して巡視路をゆきます。万寿ヶ峰は少し分かりにくいのですがその先にある三番目の送電鉄塔上部が山頂になります。

巡視路は一旦稜線の鞍部に出てから二番目鉄塔へ向かいます。鞍部ではすぐ下を林道が通っているのが見えます。二番目の鉄塔は途中、急なザレ場を通過しなければなりませんが巡視路を忠実にたどってゆけば特に問題はありません。この二番目の鉄塔からは、赤城山の裾野に広がる昭和村の農村風景と沼田盆地の市街地など、びっくりするような広闊な眺望

万寿ヶ峰（送電鉄塔）からの眺望（中央に見える赤い屋根があるところが椎坂峠）

が得られます。

この山を逆に沼田市街地から見れば袈裟丸連山の前山のように重なっていて、椎坂峠のある稜線の向こうに連なっているのが見えるはずですが、この山まで気が付く人はなかなかいないでしょう。

万寿ヶ峰は三番目の鉄塔巡視路を左手に分けて、尾根筋を登ってゆけばすぐ頂上に着きます。この山は四十年ぶりで懐かしく、落ち着いた雰囲気のある山頂です。三等三角点の美

万寿ヶ峰山頂

しい標石が出迎えてくれました。

ところでこの万寿ヶ峰のすぐ下には林道が走っています。山頂から南東の尾根を真っすぐに下ればその林道に下り立つことができます。

三角点名・姫篠《ひめしの》（一四〇七・四メートル）

万寿峰から下りてきたこの林道は栄沢林道と言い、舗装路ではありませんが落石や倒木もなく比較的整備状態の良い林道です。南東に走っている稜線に沿って延びていて、起伏も少なく歩きやすい道です。姫篠へ登るにはこの林道を大いに利用すべきです。

万寿ヶ峰から林道に下りて一旦鞍部で送電鉄塔への道標を見ます。しばらく進むとコンクリート製の林道表示板が道路脇に設置されていて、これには栄沢林道平成四年度起工と表示されています。

林道歩きの大半は自然林の中の道で、ハイキング気分で森林浴を楽しみながら歩くことができそうです。姫篠の取り付き地点までは、車の待避所が三カ所、ガードレールが一カ所、カーブミラーが五カ所もあるのですが、この取り付き地点には目印となるべきものが見当たりません。青ビニールテープを取り付けておきましたが目印としては永久的なものではありません。万寿ヶ峰からコンクリート製表示板までが一キロ、表示板からガードレールまでが一キロ、ガードレールから姫篠取り付き地点まで一キロとすれば、距離にして約三キロ、三十分~四十分の行程です。

ここは東方に尾根が張り出していて林道が大きくカーブして回り込んでいる場所です。林道の方はずっと尾根沿いに延びているので、稜線に入るのは大変容易な場所です。

尾根上に登り上げると巨木があり、はじめのコブを越え右手に下りかけた所にもツガの巨木が見られます。さらにコブをもう一つ越えるあたりにはブナの樹林が見事。尾根上には所々踏み跡もあり、スズタケが少し生えていますが歩くには支障ありません。

姫篠稜線の道

赤城山と水無山（栄沢林道より）

沼田市街地から望む万寿ヶ峰（直下に立つ送電鉄塔が見える）

姫篠の頂上は展望が開けていないのに、樹木が切払われてぽっかりと開けた空間のある台地になっていて、三等三角点標石が顔を出しています。

頂上の周りはスズタケが広範囲で立ち枯れの状態になっていました。背丈を越すようなチシマザサではなく、スズタケのような背の低いササがある山として知っている人がこの辺りを姫篠という名で呼んだのでしょう。

山の特徴を捉えた呼び方であるなら「姫篠山」と呼んでも良いのではないでしょうか。

ちなみに姫篠という名前のササが園芸品種にあり、別名コクマザサといって、産地も限られています。クマザサは熊の出るような奥山に生えているササだと勘違いしている人も多いようですが、ササの葉の回りに白い縁取りがあることから、隈（クマ）のある笹「クマザサ」と呼ばれるそうです。姫篠の点名は、たまたま同一表現になっただけのことだと思われます。

姫篠の南方稜線はさらに根利へと続くのですが、帰路は往路の林道を戻り、万寿ヶ峰へ登ったときの第一送電鉄塔からミリオン牧場に下ります。ただし、沢沿いコースには下らず、登ってきた尾根筋をそのまま直進して牧場の上部に出て、駐車地点に下ります。

万寿ヶ峰の登山コースとしては沢筋を行くよりもこの尾根

左が万寿ヶ峰、姫篠の稜線（右はし）

コースの方が遙かに分かりやすく、登りやすいでしょう。

ミリオン牧場は現在使われていませんが、入り口は開放されています。牧場内の舗装路が途切れる所まで入れば、そのすぐ上部が伐採された斜面になっているので、ここを直登するとすぐ尾根に取り付くことができます。

（二〇二一年六月）

ミリオン牧場奥の伐採地（万寿ヶ峰登山口）

姫篠山頂

上川田の富士山と月夜野の四つ又山

お富士さん（六六〇メートル）と日向山（金砂山）（七二〇メートル）

沼田市の上川田町と旧月夜野町の下津をつなぐ峠が発坂《ほっさか》峠（堀坂峠）です。その峠の西方に連なっている山が富士山《ふじやま》と日向山《ひなたやま》です。日向山は地元の呼称ですが、古くは金砂山《かなさやま》とも呼ばれていたようです。

この山の連なりを西上州南牧村の四《よ》つ又山《またやま》（群馬百名山の百番目の山）になぞらえて沼田の四つ又山と呼んだ人がいます。確かに下沼田あたりから望むとそんな山容にも見えてきます。連なる稜線の形状も四つ又山に似ているところがあるのですが、これは相当山に精通した人でなければ思いつかないかもしれません。位置的にみれば旧月夜野町の下津にあるので、月夜野の四つ又山か、または下津の四つ又山といったところでしょう。

四つ又山になぞらえると、峠の西方にある富士山が第一峰で比較的目立つ山容をしています。上川田では「お富士さん」と呼んで山頂に石祠を祭り、古くは上川田町集落の信仰の山となっていました。上川田町馬場の古老の話では、子どもが七歳になると、その年の七月にお富士さんに登ってお参りする習わしがあったそうです。

安永５年と読める石祠

この山、私は十年以上前に何度も登っているのですが、山頂から一段下がった所に石祠が祭られていることなどまったく知りませんでした。教えてくださったのは山の大先輩で、県内の山を七百山以上も登っている安中市在住のYさんです。改めて登ってみようと思い立ちました。

左から日向山、お富士さん、東峰

沼田駅を起点にすると、利根川に架かる地蔵橋を渡り下川田町から北上すれば、発坂峠までは五キロの距離です。沼田市とみなかみ町の市町境界はこの峠ではなく三百メートル手前にありますが、県道の山手はずっと高い擁壁が続いておりまったく取り付く場所がありません。

峠のすぐ上に送電鉄塔が立っていて、そこまでは短い山道があります。しかし鉄塔から先は背丈以上もあるササやぶながら足元には道形があるので進んでみることにしました。

ササやぶを分けながら峠上のコブを越えた辺りでようやくササやぶが途切れ、赤テープのある所から踏み跡も出てきました。さらに進むと左手に荒れた作業道が出てきたのでこれをたどります。次のコブを巻いてから鞍部に出てみると今度は右手に作業道が延びています。北側へも古そうな作業道が下っていますが右の道を進みます。第一峰のお富士さんは灌木がうるさいものの踏み跡を拾いながら登ることができました。

苔むした山頂にはマツの古木が多く、左手の一段下がった場所に二つの石祠が祭られています。この祠の前面はくぼ地のように平坦でその周りをアカマツの古木が取り囲むように立っていて石段が二つありました。石祠の側面を見れば安永という江戸時代中期（一七七二～一七八〇）の年号と上川田村という文字が読みとれます。祠は南向きに置かれているので、上川田町の信仰の峰であることが察せられます。

第一峰を下って第二峰に向かいました。この稜線にはうるさいやぶもなく明瞭な踏み跡が続いています。山頂は自然林の中にありコナラのほかリョウブ、アカメカンバ、ヤマツツジなどに囲まれたやや細長い地形です。

第二峰を大きく下ってから第三峰の日向山に向かいます。やや長めの鞍部は自然林の中踏み跡も明瞭で一番ホッとできる場所かもしれません。第三峰に向かう尾根はすこし急坂ですが容易にたどり付くことができました。

第三峰の日向山には四等三角点の丸い銅板がコンクリート柱に打ち込まれています。静かな山頂からは枯れたマツの樹間に赤城山などが望めます。明瞭な踏み跡はさらに北西の尾根筋へと続いています。多分こちらからの登山口もあるのでしょう。


四つ又山で言うところの第四峰は日向山のすぐ東側にある山で、これは東峰（七〇〇メートル）と呼ぶことにします。こちらは別コースで登ってみました。

発坂峠から下津側に二百メートルほど下るとカーブの先に作業小屋のような建物が見えます。駐車地点は少し手前のゴミ捨て禁止の立て看板の場所に一台分の空き地があります。

以前、第一峰への山道がありましたが、現在では激しいや

左、月夜野の四つ又山　右、大平山

ぶになっておりとても歩ける状況にはありません。今回は駐車地点のすぐ先にある農道から入りました。始めは牧草地の中のような歩きやすい道でしたが、終点からはひどいやぶ状態で、湿地を行く羽目になりました。田んぼなど既に使われている様子もなく、激しい湿地植物に覆われ、沢筋には背丈をこえるヨシも茂っています。山手へ取り付ける場所がなかなか見つからず、地図上では田んぼ記号のある終点辺りまでやって来てようやく斜面に取り付くことができました。急斜面の登高は苦しいものの湿地帯のやぶをこねてゆくよりマシです。

　中段まで登ると作業道のような道形が現れましたが、やぶ状態なので歩く気にもなれず、そのまま直登すると尾根上の道の上に移り二回ほど作業道のような道形を横断してからようやく東峰にたどり着くことができました。そこは段差のある台地で大きなマツの古木が二本、そのうち一本は倒れています。ここから見れば日向山は西峰になります。西峰は一旦大きな鞍部に下ります。その鞍部は広く美しい樹林に囲まれホッとできる場所でした。西峰は下ったのと同じくらいの急斜面を登ります。西峰即ち第三峰の日向山は落ち着いた雰囲気のあるピークで四等三角点の丸い銅板が置かれ、ここから南と西に尾根筋が分かれます。

　帰路は東峰に戻ってから、東に続く尾根を下ることにしました。この尾根には踏み跡が続いていて、東峰に登るために田んぼの中の激しいやぶを捏ねてきたことを思えばなんと楽なことかという感じです。しかし、尾根筋の末端まで下るといつもの如く激しいやぶとなってしまい、何とか薄い踏み跡をたどって県道に飛び出したのでした。そこは作業小屋のあった位置から百メートルほど北側の県道です。長い電柵が設置されていたため電撃覚悟で柵を越えやっとの思いで道路に出ました。

（二〇一一年八月）

日向山の山頂

日向山山頂の四等三角点

お富士さんの石祠

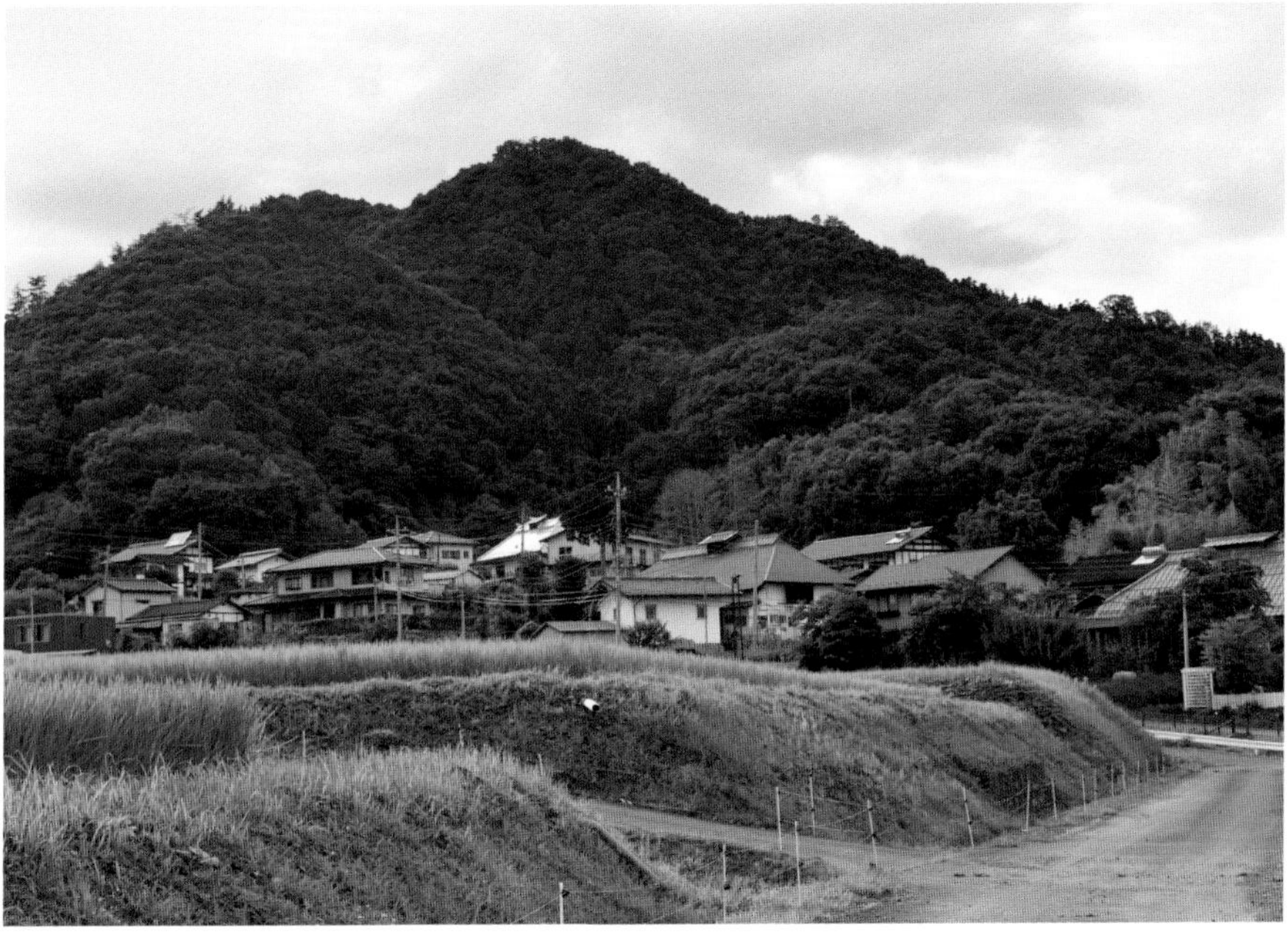

上川田町から望むお富士さん

II

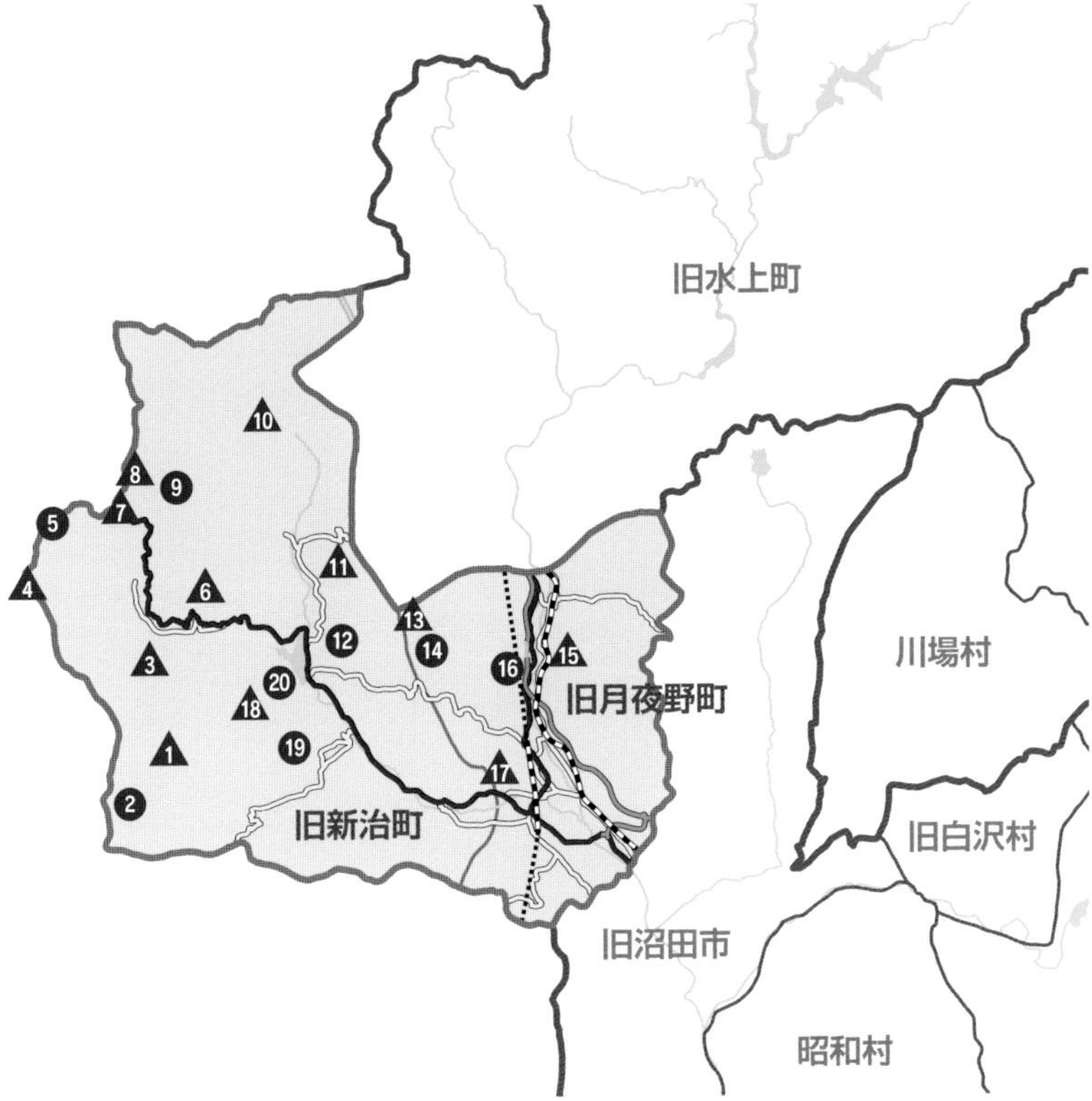

①雨見山
②川手山
③保戸野山
④稲包山
⑤キワノ平ノ頭
⑥唐沢山
⑦三国峠
⑧三国山
⑨大笹山
⑩十二社ノ峰
⑪後山
⑫境野山
⑬大峰山
⑭大峰沼
⑮秋葉山
⑯富士浅間山
⑰味城山
⑱高畠山
⑲泉山
⑳鋸山

旧新治村入須川の奥にある山

雨見山と川手山

雨見山《あめみやま》（一三四七メートル）

旧新治村入須川の奥平温泉から霧峠に向かう須川林道を利用して登る山が雨見山と川手山です。

雨見山は、登山道はおろか踏み跡さえもありませんが、東山腹を巻く雨見林道があるので比較的容易に登ることができます。奥平温泉から二キロほど須川林道を行くと川手森林公園への分岐路があります。森林公園は車道を一・五キロほど奥に入った所の公園入り口が雨見林道の起点です。

雨見林道に入ってすぐに建物があり、辺りの林床はカタクリの一大群落地になっています。花が見られるのは五月の連休ごろです。

林道は雨見山の東山腹を緩く登ってゆき、途中遮断機が設置された場所がありますが、この遮断機はいつも開いているようです。雨見山の尾根取り付き点まではまだ半分来たところで、林道はさらに東方の張り出した尾根筋へ大きく回り込みます。林道の最高地点に差し掛かる少し手前のカーブが雨見山への取り付き地点になります。

ここにはカーブミラーとカーブを示す道路標識があり最近できたと思われる林道が南側から上ってきています。歩きや

雨見山（保戸野山より）

雨見山と白砂山（右）

すそうな場所を選んで、尾根筋の一番目の高点まで登ります。そこから二番目の高点に向かうと尾根筋に沿って幅広い林道の痕跡が認められました。この林道跡は取り付き地点の少し先、雨見林道最高地点から延びていて、二十年ほど前までなら、できたての林道を歩いて、かなり楽だったのですが、今ではササが生い茂り灌木が邪魔をして、とても歩けたものではありません。

第二の高点につくと右手に雨見山の山頂が見えてきます。正面に見えるのが西峰で、目指す尾根筋は一旦鞍部に下ってから西峰の高点へ登り上げそれから雨見山へと向かっています。西峰を省略し、雨見山に向かう鞍部へ直接トラバースすれば最短距離で済みますがササやぶがうるさくかえって苦労します。西峰を下った鞍部はカラマツ林帯でほんのわずかの高点から雨見山へは腰くらいあるササやぶの斜面を分けて登って行きます。

ミズナラが林立した山頂には、ササ原の中に三等三角点が置かれていました。

山頂からは谷川岳から白砂山に至るまでの三国山脈が樹間越しに望め、南方には高畠牧場の緑地がゴルフ場のグリーンように広がっています。北方には大須山に建造された紅白の送電鉄塔が遠望できます。雰囲気的には深山、寂峰というべき山頂で、これを里山というにはほど遠い感じがします。

帰路鞍部へ下ったら西峰にも登ってみましょう。最初にたどってきた西峰の高点には古い木柱が立っていて、何らかの道標があったと思われます。高点からさらに尾根を登ると西峰の山頂（一二五六メートル）です。展望は雨見山よりこちらの方が若干優れ、ブナなどの巨木もあって雰囲気の良い山頂です。

この西峰の稜線はさらに大須山方面に延びています。西峰の高点まで戻り、ヒノキ林帯の縁に沿って下り、鞍部に着い

雨見林道からの取り付き点

雨見山山頂の三角点

たら後は第二高点、第一高点を忠実にたどって雨見林道に出ます。

森林公園までの林道歩きは長く感じられますが、勾配は緩やかで道端に咲くカタクリの花などを眺めながらのんびり歩くのも楽しいものです。

ところで山名に雨の付く山は昔、雨乞い信仰のあった山であることが多いようです。この雨見山では信仰の足跡を示すものは何もありませんでしたが、森林公園の入り口に近い林道脇には石祠が置かれていて、バラバラになったまま放置されているのが気掛かりです。その脇には古い山道と思われるかすかな道形もあります。

森林公園がある雨見山麓は広い原野が広がり、かつてこの付近はカヤ刈り場があったり、山菜採りの場所があったりしたのでしょう。そこに祭られていた山の神の祠に違いありません。

（二〇二〇年五月）

稜線上の第一高点

稜線上の第二の高点

川《かわ》手《て》山《やま》（一一八三メートル）

川手山は須川川の最上流部に位置し、岩塊でできたような山です。山中にはたくさんの石仏が祭られています。信仰の山であることのほか、この山を有名にしたのは、ヒカリゴケとズニ石です。

ヒカリゴケは川手山一帯の岩洞に自生しており、県指定の天然記念物に指定されています。ズニ石は米国コロラド州ズニの鉱山で最初に発見されたアルミニウム含水珪酸塩という鉱物で、一ミリから二ミリほどの透明四面体結晶がみられる、世界的でもたいへん珍しいものだそうです。

川手山登山口へは、森林公園の分岐地点から、霧峠方面に

一番初めの弥勒菩薩

岩場の隙間にヒカリゴケ

向かって林道を二キロほど歩きます。林道の下を流れる須川川は酸性度の強い川なのか、川床の岩石が一様に赤茶色に変色しています。須川川に架かる川手橋を過ぎて三百メートルほど先に登山口があります。

　ここには駐車場のほか、休憩舎、トイレ、案内板などがあり道路脇には地蔵様が祭られています。「川手山ヒカリゴケ案内図」もありますが、色褪せていて、しかもものすごく分かり難いので参考にはならないでしょう。説明板には、山中にはたくさんの岩塊洞窟があり、凝灰岩と閃緑岩が熱変成と浸食をうけて、洞窟や岩塔が形成されたとあります。

　以前はズニ石の結晶を見学できる場所もありましたが、無くなってしまったようです。登山道は石仏などを見ながら一巡するようになっていて、道標に従って右手の沢沿いの道を行きます。沢が狭まり上部に岩塊が見えてくると最初に岩塊の空洞の中に鎮座する弥勒菩薩像に出合います。その上部にはヒカリゴケの洞窟がありますが、物々しい格子が付いていて牢屋といった感じで、中など暗くてさっぱり見えません。

馬鳴菩薩

山頂の大日岩

　岩塊の間を登って行くとロープ付きの階段が出てきます。右手に見える洞窟には、馬鳴菩薩が祭られていて、この菩薩様は農耕や養蚕の道具を手にした仏様で、豊蚕を願う人によって信仰されています。山中の石仏の中ではもっとも大きな石仏です。

　階段を上ると不動明王、行者窟、妙石洞などがあり、とがった岩塔の脇を下ると見晴台があります。一段上の見晴台からは、南方のみ開けていて小池山から岩本山に至る稜線上の山々が望めます。この稜線は中之条町とみなかみ町の町境尾根です。行者窟、蔵王権現、二十二夜様（如意輪観音）と続き、その上が大日如来の山頂です。

ここから先は石門などを経て西側の登山口に下るのですが、登山道が大変荒れた状態で、木の葉で道が隠され見えにくくなっていました。コースをはずれるととても危険なため、往路を戻る方が良いと判断し引き返しました。

（二〇二〇年五月）

ヒカリゴケ洞窟

送電巡視路を利用して登る

保戸野山（一〇七四メートル）

保戸野山《ほどのさん》は合瀬集落の奥に位置する山で、かつてこのあたりは大変辺鄙な山里でしたが、合瀬大橋ができて以来、法師温泉ともに観光スポットといえる場所になりました。

国道一七号の吹路から法師温泉に向かう県道二六一号に入ったところ五百メートルほど先に合瀬大橋方面を示す木製案内板が立っています。

左手に分岐する車道を下ると約一キロで合瀬大橋です。西川の渓谷に架かるこの橋は、全長三百メートル以上、高さは百メートルはあろうかという高架、長大な橋で、下をのぞくと足がすくむような高さです。橋を渡り切ったところに人家と不動堂があり、橋の橋脚下は観光スポットの合瀬の不動滝（人影の滝）があります。保戸野山への入り口は大橋から四百メートル先、カーブミラーと電柱が立っている場所です。

ここは林道のような旧道が車道を横断しています。ミラーある方の砂利道を五十メートルほど進むと、送電線巡視路を示す電力会社の杭が立っていて、正面に広大な伐採跡地があり、保戸野山の前山が大きくそびえて見えます。

電力会社の杭には矢木沢線№3及び湯沢線四六号とあり、右手にスギ林の縁をたどって行くと、一旦沢へ下ります。下りきった所には、法師鳥獣保護区域を示す環境庁の看板があり、その先に鉄橋が架かっています。この関屋沢は小滝も見られるきれいなナメ状の沢で、対岸はステップの着いた小道が続いているので、踏み外さないよう渡ります。ずっと以前

山頂直下の残雪

合瀬の集落から望む保戸野山

は丸木橋でした。

尾根筋に出ると送電鉄塔の湯宿線が、東西に伸びています。一段上の尾根上にある鉄塔が矢木沢線で、鉄塔下に立てば北方に唐沢山が大きく望め、その下を走る国道なども見渡せます。南面は広大な伐採斜面が広がり八木沢線の送電線が雄々と伸びています。

初めは鉄塔下の伐木が散らかって歩き難かったのですが、尾根に入ればやぶというほどのことはなく、ある程度の踏み跡もありました。

しばらく行くと急登となり、コブを一つ越えて行くと右手からもう一つ尾根筋（北尾根）が上ってきているのが見えます。このあたりナラの巨木もあり、雨見山が見えていますが、裏手の山容などは初めて目にします。北尾根が近づくあたり

関谷沢に懸る鉄橋と巡視路

からが、最も急登部分で左手には岩場も見えます。その岩場の上部まで登り切ってから、北尾根に乗り移る感じで、大きな倒木をまたぎながら登ります。

少し緩くなった尾根を進み、小さなコブを越えたところに送電鉄塔108があり、山頂は鉄塔のすぐ先にありました。三等三角点が置かれた山頂は展望もない代わりにに美しいミズナラの樹林が広がり中々の味わいです。

ところで保戸野山の山頂というのは、三角点の置かれた位置は確かに一つのピークですが、そのすぐ先にも少し高く緩やかに広がる一〇九〇メートル圏の台地があります。実際、その位置を保戸野山としている地図もあるので、足を延ばしてみることにしました。

尾根をたどり五分足らずで次の台地上に着くと、大きな樹にきれいな山頂プレートがありました。

ところで保戸野山の山名推理ですが、保戸というのは、女陰の古語であり、そうした形状のある巨木をこの山頂のほか、

合瀬大橋

合瀬の不動滝

山中で二本ほど見かけました。山そのものはあまり特徴のある山容ではないので、山名の由来を知っている方が居らっしゃったら是非教えてください。

帰路は往路の尾根筋を忠実に戻るつもりでしたが、なぜか二ヵ所も間違えてしまい引き返しました。疲れましたが、時間があったので、合瀬の不動堂を参拝したあと合瀬大橋のたもとから下の河原まで降りて不動滝を見学しました。この滝見学コースは昔の古道でもあったのか、途中に馬頭観音なども見られ、カモシカにも出合えてとても楽しめました。

（二〇二〇年三月）

1090 メートルの台地に掛るプレート

群馬県境稜線トレイル（三国〜四万温泉エリアを歩く）

稲包山（一五九七・七メートル）とキワノ平ノ頭（一五一一メートル）

農耕の神様を祭る鋭鋒稲包山《いなつつみやま》は、四万温泉にある稲包神社の奥ノ院で、名ハイキングコースである赤沢峠から稲包山の南尾根を登るのが一般的な登路になっています。

本来は「吾妻の里山」で紹介すべきところですが、近年群馬県境稜線トレイルが開設され、平標山ノ家から三坂峠までの稜線Bブロックに稲包山があるので、ここでは利根郡の里山として歩いてみることにしました。

稲包山の三角点と石祠

県境稜線トレイルは、白毛門登山口（土合駅）から上越県境の朝日岳、谷川岳を経て、上信県境の白砂山、草津白根山を越え四阿山の登山口（鳥居峠）に至る約百キロにも及ぶ縦走コースです。あまりに長いのでエリアを五つに分け各ブロックごとに難度が設定されています。

平標山ノ家から三国山を経て三坂峠までがBブロックで、ここで紹介する三国峠から稲包山までは、B16番からB32番までです。この記号Bは難易度を表し、番号は遭難、事故のときに警察、消防に位置を連絡するためのものです。稜線上には長倉山（一四三九メートル）やキワノ平（一五一一メートル）などの山もあり、稲包山まで片道四時間余り歩きます。

三国峠は古くから上州と越後をつなぐ交通の要衝で、三国山と長倉山との鞍部にあたります。トレイルは峠から長倉山への登りから始まります。山道は送電巡視路も兼ねているため整備されていて、高度を上げて行けば後方に三国山やそれに続く平標山の稜線が一望できます。長倉山は山頂を示す標柱が立っているのみで、下るとすぐに稜線を乗越す高い送電

稜線から望む稲包山（右手は西稲包山）

線鉄塔が目に入ります。

さらに鞍部まで下り、ムタコ沢ノ頭と呼ぶコブを一つ越えてからキワノ平への登りとなります。ササも多少深くなり、かなり長い稜線歩きが続き稲包山はまだまだ遠く感じられます。

キワノ平の山頂も道標のみで、さらにもう少し標高の高そうな西峰がそれに続きます。ササ原の稜線は終始展望に恵まれ、それなりに立派な山容です。

先を見れば二つの送電線が鞍部を横切り、その向こうに稲包山の鋭鋒が望めます。コベックラ沢ノ頭と呼ばれるコブを下れば送電鉄塔が立っていて、巡視路にはコベックラ沢への道標もあるので、ここからコベックラ沢沿いに下るコースがあるのかもしれません。

さらに進むと二本目の送電鉄塔があり、東稲包山への登りはここから始まります。急登すると本峰はまだ先にあって、やがて三坂峠と稲包山との分岐路に着きます。

ここからはひと登りで山頂に至ります。番号でいうとB32番です。

稲包山の山頂には三等三角点標石が置かれ、文化元年に建立されたという石祠も祭られています。山頂部はコメツツジなどの灌木帯なので展望はすこぶる良く上信越の名だたる山々が一望できます。利根郡の西端である稲包山からはるか東方に目をやれば、郡東端に位置する日光白根山や皇海山などが遙か遠くに望め、利根郡という地域の広さを実感しました。

ところでこのブロックでいうところの三坂峠ですが、その昔四万温泉の奥から稲包山の中腹をたどり、越後の浅貝に抜ける裏街道の峠として江戸時代ころまで人馬の往来がありました。山中には木ノ根宿と呼ばれる宿場まであり、当時は大層重要な峠であったようです。現在では峠位置を示す道標があるのみで道形もなくササやぶに埋もれていますが、街道のあった沢筋には三坂ノ沢や木ノ根宿沢などの地名が今も残ります。帰路は三坂峠まで足を延ばさず、往路の稜線を戻って三国峠へと下りました。

山頂への道

稜線から望む三国山

すでに紅葉も終わり日陰には前日降った初雪が残っていました。あとひと月もすればこの稜線や峠は深い雪に埋もれてしまいます。

（二〇二〇年十一月）

キワノ平

三国街道沿いの山

唐沢山（一二四三メートル）

唐沢山《からさわやま》は永井宿や吹路《ふくろ》集落の北方に隆起する大きな山です。山頂のすぐ北側を三国自然歩道が通っているので、北側の尾根をたどれば十分足らずで山頂に着けます。以前登ったとき、頂上にローソクを灯す手製の燭台と太陽光電池式のLED夜間燈が置かれていたので、きっと地元の人が登拝する信仰の山だろうと思いました。

地形図を見てみると、吹路集落が終わる少し先に神社マークがあって、その上部辺りから山頂に続く尾根筋が明瞭です。多分そこには山道があるのではないかと想像しました。そこで、唐沢山の南尾根を登り、頂上から北側の三国自然歩道に出て、大般若塚から永井宿に戻ってくるコースを思い付きました。

吹路集落の神社入り口は法師温泉への道が分岐する国道の百メートル先、白い手すりがある石段のところです。

石段を登りきるとすぐ朱色の鳥居があり、幅広い急な山道の先には屋根囲いされた木製の社が祭られていました。建物の周りには石祠が四基あり、寄進書きには明神宮外宮とも古峰神社とも書かれていました。

神社脇から裏手に続く踏み跡を行くと、送電鉄塔があります。刈り払われた鉄塔の回りは激しいやぶ状態なので、その縁をたどって樹林帯に入ります。心細い踏み跡ですが林野庁の赤い境界標識と山の印がある石柱がありました。

ススキが茂る斜面から尾根筋に入って行くと右手に明瞭な山道があります。しばらくはこの山道を登ることにします。

明神宮外宮・古峰神社

唐沢山、後方に大笹山

急な尾根を登り切ったところで二十四の数字を刻む山の境界標柱が出てきます。行程からするとやっと半分過ぎた所という感じですが、カラマツ樹林が終わった所からは、見事なブナやミズナラの巨木が現れます。踏み跡は山頂まで続いており、意外にも自然林の大変美しい山であることが分かりました。

ツツジの灌木が占める頂上には三等三角点の標石があり、あたりはリョウブの木やミズナラの木が茂っています。展望はないので休憩もそこそこにして北側の遊歩道へ向かいました。山頂の北側は驚くほどのシャクナゲ群生地です。五分ほど下ったところで遊歩道に出ましたが、遊歩道から唐沢山の山頂に向かう地点に道標は無く、奥の木にテープ表示があるだけです。

遊歩道は西方へたどります。この時期に歩くのは初めてで、いつもとは逆方向です。整備されてから久しく、最近では道も大分荒れてきたようです。一部カラマツの植林帯があり、おおむね美しい自然林の中の道になります。カラマツの根元には珍しいハナビラタケのキノコがたくさんありました。

旧三国街道の十字路までやってくると、ここには大般若塚をはじめ、戊辰戦争の古戦場となった史跡があります。

遊歩道の十字路を永井宿に向かい、後は旧三国街道を下るだけです。

永井宿まで三・八キロの道のりは前半はブナ林の美しい自然林の中を行き、後半は植林帯の中少し荒気味の道になり、結構長く感じられました。梅雨時季から夏過ぎまではヤマビルが多い道でもあります。私も歩いているうちに足首三ヵ所を吸血されてしまいました。ヒルに対しては日常的に慣れており（注：巻末の「山蛭対策」についての項を参照）ヒルをやっつけるためのアルコールなど常時持っているので驚いたりはしませんが、一般登山者にとってはかなりの脅威です。晩秋から早春までの時季に歩くことをおすすめします。

（二〇二〇年七月）

唐沢山頂

三国自然歩道からの唐沢山取り付き点（右手）

唐沢山

旧三国街道とその周辺の山

三国峠と中部北陸自然歩道（旧三国街道）

三国街道は古くより関東と越後をつなぐ交通路として、平安時代には開かれていたといいます。中でも雪の深い三国峠付近は旅人にとって最大の難所であったろうと想像されます。峠には御坂三社神社（三国権現）が祭られ、難所を越えていった人々の石碑が立っています。今ではその峠下を三国トンネルが通り、旧道である峠路は三国路自然歩道として整備され、美しいブナ林を散策できるハイキングコースとして親しまれています。

自然歩道への入り口は国道側からいくつかありますが、峠に一番近いのは三国トンネルの脇からで、ここでは新潟県側から歩き始め、峠を越え群馬県に入ることにしました。新潟県側の遊歩道はトンネル入り口の脇、案内板と馬頭観音がある場所からスタートします。

峠路は北向きのため、時季によっては遅くまで残雪がありますが幅広く歩きやすい道です。沢筋を離れジグザグに登ると、約三十分ほどで三国峠に着きます。峠には大鳥居と三国権現を祭る社が建っています。人の目に触れることはほとんどありませんが、切り通しの上に馬頭観音像が五体、草に埋もれるように並んでいます。破損もあり大変古いもののようです。

晶子清水

三国峠（三坂神社と三国山の登山口）

峠から東方に三国山登山道、西方にはぐんま県境稜線トレイルのコースが開かれています。

三国山への登山道が始まる場所に峠を越えていった人々の石碑があります。この石碑を読むと歴史上の人物として坂上田村麻呂、弘法大師とあり、戦国時代の上杉謙信、江戸時代の伊能忠敬、良寛禅師、鈴木牧之をはじめ、近代では原敬首相、与謝野晶子、鉄幹夫妻、北原白秋、川端康成など著名人約六十人の名前が記されています。なんと歴史ある峠でしょう。ここから上州側の旧三国街道をたどります。

峠から少し下ると三国トンネルの群馬県側に行く道と旧三国街道をたどる遊歩道とに分かれます。旧街道は自然歩道として整備され、永井宿や法師温泉に至るまでよく歩かれているようです。

遊歩道に入ると始めは少し草深くなっていますが、美しいブナ林が続き、沢筋にはガクアジサイやソバナの花が咲いています。水流のある小沢を二回渡ったあと、少し登ると馬頭観音が置かれた平坦な道になります。しばらく行くと、ひっそりとした林の中に長岡藩士遭難の説明板と墓石がありました。これは江戸時代、罪人護送中に峠を越えようとして雪崩に遭った八人の藩士を弔ったものです。

すぐ先にあずまやがあり、国道に向かう道が分かれます。道標には国道一・三キロとあり、国道側の入り口にある晶子清水の道標が出ている登山口に出ます。国道の反対側にはトイレのある広い駐車場ができていることからここが本来の登山口です。

一方、三国遊歩道の方は緩い水平道を行けば清々しい水流が滝のように流れる与謝野晶子ゆかりの晶子清水がありま す。さらに進むと三坂の茶屋跡で、人家の裏手と思われる林の中にはたくさんの石仏と墓石が見られます。案内板を読むと、昔は旅人にとって、なくてはならないお助け小屋であったそうです。ブナ、ミズナラなどが美しい自然林の中を進み、戊辰戦争当時の古戦場を過ぎて緩やかに下れば大般若塚のある広場に着きます。大般若塚とは、旅人を苦しめる死者の霊や妖怪変化を封じるための般若経を納めた塚で、長い峠の歴史を物語ります。

旧三国街道に残る石仏

ここは、あずまやの建つ十字路になっていて、南に法師温泉へ二・七キロ、真っすぐに下る道は永井宿へ三・八キロ、左は猿ヶ京まで続く治部歩道で、猿ヶ京まで六・五キロとあります。今回は法師温泉からの道を下ることにしました。遊歩道は三十分ほど下って国道に至ります。

国道から、道標のある山道を下ればすぐに法師温泉です。

（二〇二〇年七月）

治部歩道と猿ヶ京温泉

大般若塚のある十字路を起点にして、後半のコースである治部歩道は唐沢山の北を通り、猿ヶ京までを歩くものです。大般若塚から東へ急な斜面を登り切ると、あとは平坦な遊歩道が続きます。

山稜の南面を緩く巻きながら進むと、カラマツやヒノキの人工林が多くなり、林床にカタクリやニリンソウなどの花が咲く楽しい道が続きます。

大般若塚の分岐点から三十分ほどで唐沢山の取り付き地点に差し掛かります。遊歩道は唐沢山北面を素通りしてしまうので、尾根に取り付いて唐沢山を往復します。

取り付き地点にはテープ表示と踏み跡があり、シャクナゲの茂る尾根筋をたどれば山頂までは十分ほどの距離です。唐沢山山頂は三等三角点が置かれていますが樹林に囲まれているため、展望は良くありません。山頂に咲くコブシの花の香

大般若塚

長岡藩士遭難碑付近

上ノ山

りを楽しんでから遊歩道に戻りました。

さて、遊歩道はこの先、尾根を離れて南面へ下ってから山腹を巻いて進んでいきます。この辺りまで来ると人通りはかなり少なく、脇道らしくなります。猿ヶ京二・五キロの道標のある所で、国道側に下る分岐路があります。遊歩道は左手に直角に折れますが、直進すると国道に下りることができます。ただしこの道は中間の送電鉄塔まで非常に荒れています。鉄塔から下は歩きやすい巡視路となり、新三国大橋の三百メートル下で国道に出ることができます。

一方、猿ヶ京に続く遊歩道は分岐から急登となり、一〇四八メートル標高点のある上ノ山へと向かっています。頂上にあ

三国峠の石仏（峠の切り通しの上段にある）

る三角点は、国土地理院のものではなく、主三角點と刻まれた角の丸い標石で、明治時代、農林省の前身である農商務省山林局が独自に設置した大変珍しいものです。

上ノ山から緩く下ると送電鉄塔の立つ尾根の斜面に出ます。眼下に赤谷の集落や猿ヶ京牧場の跡地が望めます。尾根を離れて急斜面をジグザグと下り、荒れた牧場跡地から車道に出ると、すぐ先には猿ヶ京老人ホームの建物跡があります。そこから細い車道を温泉街に向かい、国道のバス停までは約二キロの道のりです。

（二〇一〇年五月）

三国峠の北方に隆起する山

三国山と大笹山

三国峠の北方にたおやかな山稜を見せる三国山《みくにやま》は、高山植物が豊富で上信越の山々の展望にも恵まれた山です。豪雪地帯に属することから、残雪期の里山登山にも適しています。

その三国山の東方稜線上に緩やかに隆起するのが大笹山《おおささやま》です。月夜野辺りの山から望むと台形の三国山の右手に重なるように、ドーム形のなだらかな山を見出すことができます。道がまったく無いやぶ山のため、残雪期をねらって三国山から大笹山までたどってみました。

三国峠へ向かう上信越自然歩道は三国トンネルの脇からで、よく整備された道が峠までついています。群馬、新潟側いずれから登っても時間はほぼ同じで三、四十分程度のハイキングコースです。峠には御坂三社神社（三国権現）が祭られています。

例年三月、四月までは大鳥居や神社もまだ半分雪の中で、登山適期は五月の連休ごろからです。登山道は神社の右手、しばらくはドウダンツツジなどの灌木帯を登り木道が現れると展望が開けてきます。植生保護のため山頂までほとんどが木製階段の道です。中段はニッコウキスゲなどが咲く草原で、上部は灌木とむき出しの岩礫帯となり、歩き難い木段を頂上まで登り続けます。

山頂には二等三角点が置かれ、周りはササと灌木に囲まれた台地で、雪が消える頃になると美しいシラネアオイの花が見られます。

山頂直下の登り

三国峠の鳥居と神社

三国山の良さはその大展望にあります。南面から西面までの展望が開け、赤城、榛名、浅間など上州の山々が一望でき、また平標山方面の縦走路に少し踏み込めば、仙ノ倉山や苗場山などが間近に眺めます。

三国山の山頂台地は、三角点のある西端から東方へ四百メートルほど稜線が延びています。普段は、ササと灌木でとても歩けたものではありませんが、残雪期には雪庇が遅くまで残り雪上歩きは舗装道路を歩くような気楽さです。

東端まできて初めて大笹山が眼下に見えてきます。眼下にというのは大笹山は三国山より百八十二メートルも低い山だからです。ルートファインディングすると、まず前方右手のコブまで高さ約八十メートルを下降し、そこから今度は左手の稜線を約百二十メートル下降します。後は直進コースで大笹山にたどり着けるはずです。問題は稜線上の残雪状態です。三国山の東端から急下降になるので、念のため、ここで初めて軽アイゼンを付けました。下降すると灌木がややうるさく、残雪が一部途切れてササやぶになりましたが、さほど苦労もなくコブに到達することができました。幸い左手に向かう稜線上には十分な残雪があって、やぶ漕ぎはせずに済みそうです。

残雪斜面の下降は快適そのものですが、その分帰路での登り返しが大変です。鞍部まで下るとブナやダケカンバの巨木が見られる、大変気持ちの良い平坦地になっていました。後は大笹山の高みへ向かうのみです。

　頂上付近は広く平らで、高みへ向かうと、そこはまだ頂上という雰囲気ではなく、よく見ると奥にも隆起が続いています。三角点は残雪の下であろうと思っていましたが、ＧＰＳを頼りにササ原の中を探すと、やはり隆起の一番奥に三等の標石がありました。

　山頂での展望は南面のみで、樹間に吾妻耶山の特徴的な山容が望めました。雪上にあるのはカモシカの足跡くらいで、静寂そのものです。地元の猟師などを除けば、この山に登山者が訪れることなど希なことでしょう。それだけに自然が保たれ、深山の雰囲気が漂っているのでしょう。

　大笹山から振り返って見れば、たどってきた稜線が一段と高く見えています。しばらく山頂の雪景色を楽しんでから帰途に就きました。

　この大笹山を歩いた実感からすると、大笹山の「大」の意味は、大きな山ということではなく、広々としたササ原の台地を指しているのだと思います。


（二〇一三年五月）

山頂直下の階段

三国山山頂

左手が大笹山（三国山より望む）

三国山（左）と大笹山（右手中央）

川古温泉の奥にそびえる

十二社ノ峰（一三九八・六メートル）

十二社《じゅうにしゃ》ノ峰《のみね》は赤谷川と小出俣沢《おいずまたざわ》に挟まれた急峻な山容で、その尾根筋末端に川古温泉《かわふるおんせん》があります。小出俣山《おいずまたやま》の前衛峰に当たる山ですが、何かいわくありそうな山名は、直訳すると「山の神様を祭る社のある山」と言うことになるのでしょう。修験道に関係する山かと想像したりもしますが、山そのものには、そうした信仰的な足跡は見当たりません。強いて言うと川古温泉のすぐ裏手の山（十二社ノ峰の尾根末端）はロープを必要とするような結構鋭い岩山で、確認してはいませんが古い石祠なども置かれているとのことです。

この付近は、古代人がねぐらにしたような岩窟だとかオーバーハングの大岩などもあり、面白そうな小峰を形成しています。憶測ですが山名に山や岳を用いず、峰という文字を付けているのは、十二社が本体の山を表しているのではなく、この小岩峰を指しているのかもしれません。

川古温泉へは国道の相俣の信号から約五キロの距離にあります。朱色の大きな富士新田大橋から左手の坂道を下ると八百メートルほどで林道が分岐します。すぐ先が川古温泉で手前に駐車場があります。林道入り口に遮断機があるためここからは徒歩です。林道に入って一五〇メートルほど行くと林道を覆うかのようなオーバーハングの岩があります。通常はこの岩の周辺から登って尾根上に出るのですが、今回は尾根の最低鞍部へ向かうことにしました。オーバーハング岩からさらに三百メートルほど先が取り付き点ですが、目印になるものはなにもなく、これはもう勘で行くより仕方ありません。

スギ林の斜面を登ると間もなく尾根上に達しました。岩が

山頂プレートとネズコの木

十二社ノ峰

多い痩せ尾根で、すぐにロープのある岩峰に突き当たります。こうした岩場は無理に乗り越えず巻き道を使います。岩場の多いアップダウンが三回ほど続くと、尾根が広がります。すぐ上が頂上かと錯覚するような場所です。急斜面を登ると大岩が現れ、ここは左手を巻いて進むと、その上に三本に分かれたマツの巨木が立っています。

この辺りから根曲がりの灌木帯が現れて非常に歩きにくくなります。根曲がりは積雪量が多い証拠で、踏み跡を追うのが難しくなります。ミズナラの自然林を抜け、ネズコの大木が目立つようになると今度はシャクナゲが密集して生い茂る地帯が現れます。ここは岩石のある痩せ尾根で、シャクナゲ帯が終わると今度はササやぶ帯に変わり、ブナの樹林帯に入ります。

やっとの思いでたどり着いた頂上は展望もなく、ササやネジキが茂る灌木帯のため、休憩するのも落ち着きません。頂上から続く稜線は小出俣山へとつながっているのですが、それもよく見渡せません。

小出俣山へはたどってきた林道の最奥部、千曲平と呼ばれる場所から登って行くのが一般的で、十二社ノ峰からでは、残雪期以外たどることは無理でしょう。三等三角点の標石と古木に取り付けられた山頂プレートを確認してすぐ下山しました。

登りでは一本調子のようにみえた尾根筋も下山となると、微妙に左手に振れている場所が三ヵ所あり、コースを誤りやすい枝尾根があるので要注意です。頼りない踏み跡を注意深く拾って行くより方法はありません。下りの時間も登りと同じくらい時間がかかりました。

帰路は最低鞍部に下らず、温泉裏手の岩峰を目指しました。展望が大変良い岩峰で、川古ダム管理所の銅板基準点が埋め込まれているピークです。上り下りの岩場には古いロープが

林道にオーバーハングした岩

設置されていました。ピークを少し越えてキレット状の岩場のところから林道に向かって下降すると、丁度そこはオーバーハング岩のある場所でした。

それにしても十二社ノ峰は岩場と急峻な尾根、しかも歩きにくい根曲り灌木帯、シャクナゲ帯、ササやぶ漕ぎと三段攻めの苦行を強いられました。まさに修験道の山でありました。

（二〇二〇年五月、二〇一〇年四月）

空洞のある岩

吾妻耶山

赤谷湖東方に連なる里山

赤谷の後山と境野山

赤谷の後山《うしろやま》（九九一・四メートル）

旧新治村の時代に、千葉市が村と提携して赤谷地区につくった高原千葉村は、市民ロッジや青少年自然の家などの施設をもつリゾート地です。

後山は千葉村を取り囲むように馬蹄形の稜線が一巡し、西山麓を利用したキャンプ地やスキー場のほか、後山の登山道も整備されています。山名の後山というのは、おそらく集落の背後を占めている山だからということでしょう。

なおこの本の中では川場村の生品、片品村の上小川にも同じ後山があるため、区別する意味で赤谷の後山と呼ぶことにします。

国道一七号相俣の信号から分かれた県道二七〇号を赤谷方面に向かい約三キロのところ、赤谷大橋を渡った先に赤谷十二神社があります。石段を登り、神社の由来記などを見てから裏手の尾根に取り付きました。

道はまったく見当たりませんが二、三十メートル登った先

石尊山（後山の前衛峰）

赤谷十二神社

の岩陰に石祠が二つ祭られていました。露岩の多い尾根を、中段まで登ってくると山の図根点を示す石柱があり、「字後山」と記されています。

岩尾根はさらに続き、登り切った所は、後山の前山といった地点にあるピークで、石尊山と呼ばれています。ここにはマツの巨木の下に石祠が祭られていました。古びた道標を見ると、登山道が高原千葉村のキャンプ場から上ってきていました。

石尊山からは歩きやすい山道が続き、緩いコブを二つほど越えた所に再び道標が立っていて、スキー場へ下る矢印がありました。高原千葉村にスキー場まであったとは驚きです。行く手にはイワカガミの群落があり、ミツバツツジの多い尾根は花の時季とても楽しめそうです。

たどり着いた後山の山頂には表示板があり、ヒノキ林と雑木林を分ける細長い稜線上の東端は吾妻耶山の西尾根につながっています。とはいっても吾妻耶山までとなると高度差はかなりあるので無理は禁物です。

縦走路はここで馬蹄形を左寄りに続きます。下りながら目を向けると吾妻耶山から赤谷越に続く稜線もよく見えていて、その先阿能川岳、小出俣山、万太郎山などの山々が望めました。下ると岩塊の痩せ尾根になり、ロープが設置された危険そうなコブも出てきます。

石尊山の祠

後山の山頂

後　山

さらに下って行くと、下方に送電鉄塔が見えてきます。尾根筋もその送電鉄塔に向かっています。送電鉄塔の少し手前に分岐路があって方角からして高原千葉村のキャンプ場に下る道であろうと思われます。

送電鉄塔の下は展望も良く、一休みしたら後は整備された巡視路を下るだけです。眼下に広がる赤谷集落や赤谷湖などを眺めながら動物よけの電気柵が設置された道を下ると市民ロッジの建物の脇に出ました。高原千葉村は平成三十一年をもって廃止されたので、おそらく今後後山の登山道が整備されることは無いでしょう。

人影もない敷地内を歩き回っても道路に出るべき電気柵の隙間がありません。やむなく電柵を乗り越えたところ、電撃ショックというものを初めて味わってしまいました。

（二〇二〇年四月）

山の境界標柱には後山の文字がある

山の境界標柱には境野の文字がある

境野山《さかいのやま》（八三四・六メートル）

境野山は、白石地区の北方に位置する山ですが、白石集落からではその前山が見えるだけで、どのような山容の山なのかいまだによく分かりません。

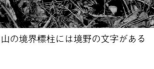

国道一七号から、県道二七二号の道に入り一・三キロで白石集落に着きます。最奥に廃屋があり、舗装もここで途切れて後は砂利道が続きます。住む人もない家の庭に、庭のシャクナゲの花やボタンキョウの花が咲いているのを見るのはわびしいものです。

最奥からの道は沢を隔ててすぐに二分し、左手の道を二、

境野山山頂

三百メートルほど行くと白石地区の浄水施設があります。

その先は、まったく整備されていない古い林道が二分し、左手の道を行くと小枝がうるさくなり、沢に入ると道も消えてしまいました。

地図で確認すると境野山とその南にある前山との鞍部に出るはずなのですが少し違うようです。仕方なく沢の左手の斜面を登って境野山の南の稜線まで出ると、そこには大きな岩が二つ屹立していました。これは山中で目印になる岩です。

尾根を北に向かって登ると、山の図根点を示す石柱があり「字・境野」と読めました。境野はこのあたりの古くからある地名なのでしょう。

山頂部は南北に細長く、北端に三等三角点があるだけで、祠など信仰的なものは見当たりません。山頂の周りにはナラやモミの木などがあり、ツツジの灌木もあるので花季なら美しい山頂が見られるでしょう。

戻る際、右手前方に見える顕著なピークへ向かってしまい、気が付いて引き返すと目印の大岩があった尾根筋が白石方面であることが分かりました。緩い稜線を下り切り、次の隆起部で左手へ斜面を下り、小沢を一つ越えると林道に出ます。そこは始めに通った白石浄水施設の場所でした。

往路ではまったく気付かなかったのですが、浄水施設の三十メートルほど集落側に下ったところに石祠が祭られてい

登山口付近にあった石祠

るのが見えました。良く見れば祠の脇にはうっすらとした道形が残っていて、おそらくこの道が白石から境野山の中腹を越え相俣宿に方面に抜ける道だと思います。石祠には昭和十九年四月吉日、白石氏子中と記されていました。

この石祠が山の神を祭る十二山神であるならば、境野山は間違いなく白石地区の信仰の山であったでしょう。

（二〇二〇年四月）

白石集落から境野山の前山を望む

貴重な自然が残る里山

大峰沼と大峰山（一二五四・五メートル）

一見どこが山頂か分からないほど、なだらかな山容の大峰《おおみね》山《やま》はその後方に連なる吾妻耶山とともに上越の前衛峰と呼ばれます。古くは「王峰山」と呼ばれ、その山名は吾妻耶山と同じく日本武尊伝説に由来するといいます。

山麓にある大峰神社は大宝元年（七〇一）に建立され、近郷十五ヵ村の総鎮守としてあつく信仰されてきました。しかしスキー場が建設されてしまうと、登山対象としては魅力の欠ける山となってしまった感があります。

それでも大峰沼などは県指定の天然記念物として貴重な自然が残り、モリアオガエルの生息地で知られる古沼など、まだまだ美しさと静寂さが保たれています。

大峰山登山は従来、上牧駅からのコースが一般的でしたが、現在では最も距離が近い大峰開拓からのコースが主流となっています。新幹線の上毛高原駅が最寄り駅となりますが、徒歩となると登山口まで五キロもあるのでタクシーかマイカーを利用することになります。

上毛高原駅から県道を北に進むと、五百メートル先に、左

古沼（モリアオガエル生息地）

大峰沼

手に分岐する道があります。四キロほど先にある大峰開拓地を過ぎると、町営見晴荘とサイクルスポーツセンターとの林道分岐です。林道に入り、見晴荘入り口の看板を見て、さらに四百メートルほど進むと登山口があります。広い駐車場とコース案内板、トイレなどが整備され、大峰沼までの最短コースとして、マイカー利用の登山者も多く見られます。

スギ林の中、簡易舗装の小道を行きます。傾斜も緩く歩きやすい道を十五分ほど進むと左手に山道が通っていて、林の奥にモリアオガエルの生息地として知られる古沼がありま す。湖面に張り出した枝に白い泡状の卵塊風景が見られるのは、例年六月中旬ごろで、モリアオガエルは県の天然記念物に指定されています。

大峰沼までは約三十分ほどの距離、森林浴を楽しみながら歩きます。湖畔の水が流れ出す前沢でサワグルミの大木を過ぎ、坂を上り切ると大峰沼の湖畔が見えてきます。大峰山東山麓標高約一〇〇〇メートルにある、大峰沼は周囲は二キロメートルほど。動植物の宝庫で、モウセンゴケ、サワギキョウ、ミツガシワ、ツルコケモモなどの湿原植物のほか、沼の中ほどに見られる浮島も貴重です。面積は二八〇平方メートル、泥炭層の厚さは何と八・六メートルもあり、約一万年も太古の昔から形成され続けてきたといいます。湖畔を一周するだけでも十分楽しめますが、大峰山を周回するコースもあるので、その遊歩道も紹介しましょう。

上牧方面からの登山道を少し戻った所に大峰山・吾妻耶山方面を示す分岐があります。道標に従って二百メートルほど進むと、左手に展望台と表示のある方向に進みます。薄暗いヒノキ林を抜け伐採跡地を過ぎるとブナ、ミズナラなどの雑木帯に変わり、チシマザサの急斜面をジグザグに登り切ると尾根上に出ます。湯宿方面からの林道と合わさり、右手へ進むと、テレビ電波塔があり、その北側に展望台があります。ここからさらに三百メートルほど北に向かうと、大峰山頂に至ります。展望はなくササが茂った平凡な頂上ですが、尾根通しで吾妻耶山へと縦走路が続いています。

湖畔へ戻るのは展望台のところから、南方に延びている尾根筋を行きます。ミズナラ、カシワ、ミネカエデなどの美しい広葉樹林帯が続き、左手の樹間越しに、時折大峰沼が垣間見えます。尾根一帯は自然林が保たれ、野鳥も多く、時にはクマ、カモシカなどの大型野生動物を見かけることもあります。

尾根筋をしばらくたどると、三十メートル近くもある鉄製階段の取り付けられたキレットがあり、慎重に通過します。一息入れたあと、再び緩やかに下ると丁字路にぶつかり、湖畔側と湯宿方面とに下る大沼越（峠）の道と出合います。

湖畔側に下る斜面は吃驚するような岩壁ですが、ミズナラ

湖畔に祭られている祠

キレット通過の長い梯子

やサワグルミなどの大木がうっそうとした樹林帯をつくり、春先にはカタクリ、ショウジョウバカマ、キクザキイチゲなどの山野草の花を楽しむことができます。

沼の南側に回ると年代も読めないほど古い石祠が。湖面に向かって祭られおり、それは神秘的な沼の伝説を語りかけてくるようです。

（二〇二〇年六月）

寺間の集落にある大峰神社

大峰山に立つ電波塔

信仰の足跡だけを残す里山
あきや山とふじ山

みなかみ町の小川地区には地元信仰の山が二つあります。あきや山、ふじ山と呼んでいる里山です。

あきや山は上牧発電所の上部にそびえる山で、その山頂には二つの石祠が祭られています。山頂近くまで発電施設の巡視路があり容易に登れますが、山頂部は道もない岩山なので慎重に登らなければなりません。

一方ふじ山は利根川を挟んだ対岸にある山で、以前は山頂に富士浅間神社が祭られ周囲の集落から信仰されてきた里山です。しかし近年山麓の森原にある小川神社に移されてからは、頂上の神社も取り壊され、今では登る人もなく信仰の足跡をしのぶだけの山となってしまいました。

あきや山（秋葉山）（六〇〇メートル）

上牧発電所の建物入り口のすぐ脇に慰霊碑が立っています。その前から山道に入るとすぐ上に水路と墓地があります。墓地の前から山手に向かうと、良く整備された山道で上部へ

切り通しのある山頂部

導水管路の脇の道を行く

と続いています。この道は発電所の導水路鉄管の巡視路になっているようです。

もちろん導水路内は立ち入り禁止の柵が施されており、その脇道を上部の発電施設までたどります。ハイキング気分で眼下の利根川など眺めながら登って来たものの、山道の終点から山頂部を見ると岩山で、かなり険しそうです。問題は山頂まで登るコースの選択で、木の枝が激しく茂っているフェンス脇をかき分けて発電施設の建物上部から尾根に取り付きました。

頂上部に向かって登ると、切り通しのような岩場が現れ、迂回して先に進みます。頂上の岩場には落石防止のワイヤー

山頂の石祠

ロープが掛かっていました。

　ともあれ頂上にたどり着くと石祠が二つも置かれていて、見れば窓の部分は交換修理され新しくなっています。年号を見てみると、平成二十年となっているではありませんか。せめて設置当初の古い年号を入れておいてくれれば信仰された時代も分かったでしょう。

　あきや山というのはおそらく秋葉山のことだろうと思われます。秋葉山は遠州秋葉山本宮秋葉神社から分社されたもの

あきや山（発電施設と導水路の鉄管が見える）

で、祭られている秋葉大権現は火防火伏の神様として神社や山が全国で四百社以上もあります。今となっては当時の年号も分からず大変残念なことです。しかし地元の人が今日でも登拝していることはこの祠を見ればよく分かります。

さらに稜線の奥まで足を延ばし、三等三角点のあるピーク（点名、野間沢）まで行ってみましたが、信仰の足跡のような物は何も見つかりませんでした。

ふじ山（富《ふ》士《じ》浅間《せんげん》山《やま》）（七〇三・八メートル）

山頂に祭られたこの神社は、ひと昔前までは近郷の人々が四方からお参りに登ってきていたといいます。ふじ山というのはおそらく富士浅間山のことで、江戸時代の後期に隆盛を極めた富士講は、富士浅間神社を総本山とし全国各地に広がり、各地に富士浅間神社が分社されました。

昔は遠方からはるばる富士山まで出掛けることは容易ではなかったので、集落に近い里山に祠を祭って浅間様をお参りしました。その名残が富士浅間山であり、地元の人は浅間を省略し「ふじやま」と呼びました。この地では神社も取り壊され、森原集落内にある小川神社に移されたということです。

主たる参道は倒れた鳥居や壊れた石灯籠などが残る南の尾根筋にあったと思われます。森原集落の上部からその取り付き点を探しましたがよく分かりませんでした。と言うより、取り付き点付近は害獣の防護柵があるほか、激しいササやぶと湿地に阻まれとても踏み込める状態ではないのです。そのため今回は鉄塔の立つ東峰（地元ではあきや山と呼ばれる山）との鞍部から登ることにしました。

それでも多少のやぶ漕ぎは避けられません。ササやぶを分け、小川を渡り、倒木の多いスギ林を登って行くと、かつて参道の一部であったろうと思われる明瞭な尾根に行きつきます。暗いスギ植林帯もなく明るい雑木林が広がっていました。

山頂の一段高いコブの上に四等三角点標石とマツの古木があり、下段には神社境内と思われる広場に、崩れかけた石垣などが残っています。屋根瓦の残骸は神社建物に使用されていたものでしょう。以前にはいくつもあった石祠なども現在ではほとんど無くなっていました。わずかに残された土台しか住時をしのぶものがないことが残念でなりません。

ところで、山頂の神様を移したという小川神社には江戸時代ごろから伝えられる太々神楽があり、町指定の無形民俗文化財になっています。神楽は神様をお迎えする前の祈祷（祭り）であり、毎年春先に神楽が奉納するお祭りが盛大に催されます。ふじ山の麓が桜に彩られるとてもいい時季です。


（二〇一〇年一月）

ふじ山山頂

手前の山がふじ山（後方は阿能川岳と谷川連峰）

石祠の跡

利根川とふじ山（道の駅月夜野矢瀬親水公園より）

忘れられた小さな歴史の山

味城山と伊賀野山

味城山《みじょうさん》（七五七・四メートル）

味城山は、上毛高原駅（上越新幹線）の裏手の山といったほうが分かりやすいでしょう。地形図上の山名「味城」は当て字で本来は「見城」または「御城」が正しいと思われます。それはこの山の頂上に「見城の柵跡・小川可遊斎防御の地」という史跡があるからです。

小川可遊斎は戦国時代の武将で、浪人でしたが上杉謙信の裁可で小川城主にまでなった人物です。しかしこの地は上杉、武田、北条と支配が変貌する時代であり、一五〇〇年代半ばになると武田信玄が上州に勢力を伸ばしてきたため、信玄配下の策略家真田昌幸と勢力を争うこととなりました。岩櫃城の城代、矢沢頼綱との戦で大敗を喫してしまいますが、その武勇を昌幸に認められ、今度は武田側につきます。

信玄、謙信の亡き後も可遊斎は戦国時代をうまく切り抜けましたが、一五八〇年に北条氏に攻められると、見城の柵に逃れて防戦するものの敗退し、越後に逃れたといいます。

この味城山は南に明快な稜線が延びているので、この尾根筋をたどることにします。

上り新幹線は駅から出るとすぐこの尾根の下のトンネルに入ります。トンネルに近い月夜野神社の境内に車を置き、トンネル入り口付近から稜線に登ります。道は途中で消えてしまいますが真上へ急斜面を登れば間もなく尾根上に出ます。

味城山の山頂

味城山（左手が伊賀野山）

伐採の進んだ道はすこぶる展望が良く、西方に短く屈曲する地点までやって来ると、五八九メートル標高点のあるコブに四等三角点標石と石祠がありました。尾根の西側には林道が接近しています。送電鉄塔の立つ味城山の鞍部までやってくると林道は下ってしまうので、今度は山頂方向の尾根筋に取り付きます。

ここは巡視路の分岐点で、電力会社の黄色の標柱に玉原線№38とあります。作業道のような古い道が尾根を少し上りかけていました。山腹を平行に巻いていくので、作業道とはここで別れて尾根上をたどることにします。

踏み跡はあまり定かでありません。小岩峰が出てくるので右手に巻いたあと、山頂部の急登を経て頂上に着きます。落ち葉が敷き詰められた広々とした小ナラの林が広がり、その中に三等三角点標石があり「小川可遊斎防御の地・見城の柵跡」と書かれた看板が立てかけられていました。山頂の南側には一段下がったところに平坦な腰曲輪のような柵跡が巡っていますが、大分やぶが茂ってきています。

山頂を西方に向かうと空壕の溝が三つもありました。さらに三角点から四、五十メートル離れ少し下りかけた左手のマツ林の中には石祠が三基祭られています。中央の祠は倒木の下敷きになっていましたが、両端の祠を見ると「明和五年戊子年十月、宮守羽場村中」とあり、設置した年号（一七六八年）と設置した村名が記されていました。祠の正面には石尊宮再建立、河内大神再建立とあり、この石祠の設置の由来が分かります。

山頂を下った鞍部から林道をたどって寿命院の寺に至る道があるのですが、途中かなりやぶ道で分かりにくくなっています。帰路は往路の尾根筋を忠実に戻って石祠のあったコブから北側の尾根を下るほうが良いでしょう。下った先の畑中を通って、駅裏の道路に出れば、寿命院までは三百メートルほどです。上毛高原駅や月夜野神社もさほど遠くありません。

伊賀野山《いがのやま》（七七二メートル）

味城山の西方に連なる山で、地図上では南の山麓部に伊賀野という地名を見ることができます。

頂上付近はパラグライダーの滑空場所になっていて、遠目にはそれが禿のように目立つ以外、植林帯で覆われ変哲のない山に見えます。

羽場バス停の少し先に、北方へ入る小道があります。その入り口に「東谷山広福寺霊園」の看板と「ＰＧエリア」というパラグライダーの案内板が立っています。道路に入って百メートルほど進むと道が二分するので右側の細い道を行きます。

ここは林道須摩野線の起点で、「花ノ木大黒天」や「伊賀野の花畑」などの表示があります。畑中を通り、一キロほど進むと、また道が二分します。左手に延びる舗装された坂道が須摩野線で、この舗装林道は帰り道に利用することにして、

味城山山頂にある石祠

ここでは右手の砂利道を行くことにしましょう。

　分岐から約三百メートルほどのところ、林道がカーブする地点にちょっとした広場があります。その奥、山手のスギ林の中に石柱と二つの石宮を見つけました。近寄ってみると、それには「石尊宮登山口」とあります。昭和五十九年建立の石柱は比較的新しいものですが、山頂の石尊宮を祭るためのものであることは間違いありません。味城山は古くは石尊山と呼ばれていたと確信しました。

　登山口とあっても登山道などは見当たらず、仕方なく左手の肩へ向かって登ると白いガードレールがある林道終点に出ました。遠回りになりますが、林道を使って味城山の南山腹を一キロほど進むと林道終点です。

　どちらのコースにしても、林道終点から踏み跡をたどって尾根筋を直登することになるので多少のやぶ漕ぎはさけられません。

　尾根を少し登り、頭上に岩場の見える所までやってくると、石灯籠のようなものがあります。自然石を使った最高傑作です。このような信仰的なものが残されているということは、やはり石尊宮登山口のコースをたどっているようです。伐採跡、足元の散乱した小枝や倒木などを踏み越えながら高みへ向かうと、確かに味城山の石祠のある場所に至ることができました。

南側登路にある石灯籠

石祠は、全部で三基あったようです。明和五年戊子年（一七六八年）宮守羽場村中とありますから、南麓、羽場の村人たちが今から二五〇年以上も前に建立したことが読みとれます。
　本来は伊賀野山への登山道を探していたのに、これでは味城山へのコース案内になってしまいます。伊賀野山へは尾根通しで簡単に行くことができます。もともと踏み跡程度はあったのですが、近年の伐採作業で一帯は荒れて大変歩きにくい状況になっていますが、それでも二、三十分くらいの近距離です。
　祠の場所から緩く下ると、味城山と伊賀野山との中間地点

伊賀野山（パラグライダーの発着場）

の鞍部に、古い作業道のような痕跡があります。この作業道をたどっても伊賀野山の頂上に行けるのですがたいへんなやぶになっているので、ここは尾根通しに登ることにしました。ヒノキとアカマツの林の中、高みへ向かって行くと伊賀野山です。頂上に着いてみると、なんと吹き流しのついた鉄塔、ベンチやトイレなどの設備、休憩用の廃車？までありますす。山中のこうした人工物は興ざめですが南方の眺望に優れた場所でした。

頂上から西方の尾根は、パラグライダーの人たちが使う道で、大変明瞭な山道です。その尾根筋を五、六分歩き、左手に降りて林道を下ります。パラグライダーの人と荷物を運ぶための道ですが、荒れている部分もあり、一般の車両では通行できません。

この道を一キロほど下ると、前述の須摩野林道の舗装路に出ます。最初に歩いた分岐路までは一キロほど離れています。

（二〇二〇年十二月）

赤谷湖周辺の山

高畠山《たかはたやま》（一一四二・八メートル）

高畠山は赤谷湖の西方に位置する山で、この山を印象付けるものは、何と言っても南面にそびえ立つ高さ百メートルにも及ぶ大岩壁、観音岩です。この岩壁は駒岩という別称もありますが基部に、沼田横道三十三観音札所の一つ五番観音が祭られており、地元の人は観音岩と呼びます。

高畠山は谷川岳のような非対称山稜の山容をしており東面は険しい岩壁が多く、西面はなだらかな稜線を引いて高畠牧場につながっています。牧場から簡単に登ることができるのですが、それではただ登っただけのつまらない山となってしまいます。巨大な観音岩のてっぺんには石祠も祭られているので、きっと登路はあるはずです。

五番観音へは、たくみの里の一番奥、野仏八番の道標がある道を行きます。四百メートルほど奥に入った所に笠原浄水施設があり舗装路はここまで。五十メートルほど先に分岐があり、右手の参道に入ります。

参道には石塔、地蔵、馬頭観音などが置かれていて、お堂へ続く石段には、閻魔王（右）と倶生神（左）が並んでいます。参拝したら、境内右手脇の樹林帯の斜面に向かいます。道はありませんがしばらく登ると岩壁の基部にたどり着くので、右へトラバースし、岩壁の終わった場所からまた上部を目指します。

馬の背のような場所には踏み跡がありますが、それもいっときで、後は急斜面をかまわず一番低そうな鞍部めがけて登ります。鞍部にたどり着けばうって変わった穏やかな尾根です。南へ少し登った高台には石祠が祭られていて、ずっと以前に来たときは形の整ったしっかりした石祠であったのに、つぶれて破損が激しく年代も分からなくなっていました。それでも、あの大岩壁の上にいると思うと嬉しくなります。

高畠山へは北に続く稜線を行きます。最初のコブを越えるとびっくりするほど大きなアカマツの木があります。しっかりした踏み跡もあり、雑木林の美しい尾根が頂上まで続いています。ところが頂上近くまでやってくると、カラマツが混じる伐採跡のうるさい灌木帯があり、がっかりです。

三角点がある場所は北寄りの一角です。平坦な西側は薄暗いスギ林が占め、急崖の東側は自然林の明るい風景が広がっています。

帰路は途中まで往路の尾根を下ります。観音岩の急斜面に

観音岩

観音堂の石段と石仏

気後れしたので、一つ南側の尾根筋を下ることにしました。難なく降りてきたところ、沢筋近くなると大変な急下降で、これでは観音岩を下るのと同じになってしまいます。幸いこの急下降部分には赤ペイントの道標が付いていて、崖を避けながら何とか沢筋まで下り立つことができました。

地図上ではこの沢には道の記載があるのですが、上部にナメ滝があり、道などは見当たりません。少し下ると堰堤が二つあり、横幅のある堰堤は水が貯まっているため脇を迂回しなくてはなりません。両脇ともイバラの激しいやぶで、ド根性のやぶ漕ぎとなりました。

観音岩の上に置かれた祠

高畠山の三角点

堰堤を過ぎるとようやく林道らしくなり、もと来た分岐路近くの小さな水流に石祠が祭られているのを発見しました。祠には天和三年・天賦神と記されていて、きっとこの街道の水場を守るための祠だったのでしょう。

（二〇一〇年三月）

泉山《いずみやま》（八二八・二メートル）

旧新治村須川の名刹、泰寧寺《たいねいじ》の裏手にそびえる双耳峰が泉山です。

泰寧寺の山門や欄間、須弥壇などは県指定の重要文化財になっており、この地を訪れたなら必見の寺院です。このお寺は天文六年（一五三七）月夜野の三峯山玉泉寺の洞庵文曹和尚が開山し、山号を泉峰山（玉泉寺と三峰山から一字ずつ取る）としたことから、その裏山を泉山と呼ぶようになったといいます。泉山は南側の奥田方面から容易に登れる道があるようですが、ここでは、由緒ある泰寧寺からのコースをたどることにしました。但し地図上に記載される道はほとんど廃道状態です。

本堂に向かって左手にある墓地の脇を通り、奥の竹林に入ると、かなり古そうな山道が出てきます。道の真ん中は雨水によって浸食され、深くえぐられています。中腹辺りまでくると道幅はますます浸食され、歩くのも難儀になってきました。そのまま進むと、その先にスラブ状の岩場が現れ、進むことが困難になります。仕方なく左手に見えている枝尾根に取り付くことにしました。その尾根筋は泉山の南峰に続いています。

急登を経て頂上にたどり着くと、そこはアカマツが林立する小平地で、四等三角標石点と山頂プレートがありました。

次は北峰に向かいます。鞍部に着くと下から林道が上ってきていました。先に述べた奥田方面から来る道らしく、確かにこの道ならば容易です。

北峰は図根点を示す石柱があるのみで、信仰を示すようなものは見当たりませんでした。

北峰から北尾根を下るコースもあるようですが、帰路は鞍部まで戻り、地図上に記載がある古道をたどって下ることにしました。

ＧＰＳを使い極めて正確に記載の山道を下りましたが、小尾根を一つ越え深くえぐれた道に戻るまで、道の痕跡などはほとんど認めることはできませんでした。

（二〇二〇年三月）

泰寧寺山門

泉　山

鋸山《のこぎりやま》（九一〇メートル）

赤谷湖の西岸に八つとも九つとも数えられる峰を連ねた鋸山を見れば、山名の由来はすぐに分かります。

低山ながら連なる峰歩きはアップダウンが多く、かつ岩場もあるので侮れない山の一つです。南端の無名の峠から稜線を北上し、北端の初越峠へ縦走を試みました。

南端の峠は、たくみの里の一番奥「初越のこみち」と表示された車道からスタートします。五百メートルほど行くと分

泉山の４等三角点（図根点）

岐路があり、右手に薄倉林道の石碑が置かれた道をしばらく行くと高平橋の分かれ道です。現在道路拡張工事中で、その先は草深い道が峠まで続きます。ここからの尾根歩きだと、背丈ほどもあるササやぶを越えなければならないため、少し手前に見えている鞍部へはい上がることにしました。踏み跡はあっても道などありませんが稜線まではわずかです。

尾根に出てスギ林を抜ければ後は明るい雑木林の道で、祠のある峰までは緩いコブを三つほど越えて行きます。三つ目のコブ辺りが落石防止のワイヤーネットが施された岩尾根です。東側は赤谷湖に面した急崖となっているため、転落すればおそらく止まらないでしょう。ネットが終わり急な岩稜を行くと、左手に石仏を発見しました。よく見れば、右手に宝剣を持ち、左手に羂索を携えた不動明王です。これは大発見でした。その上部には石祠が二つ置かれています。しかし土台の石の数を見ると祠は本来三つあったのではないかと思われます。一つには明治二十三年と刻まれていました。

鋸山の石仏（不動明王）

鋸山の祠

鋸山（たくみの里より）

祠の峰を下ると次が小さな電波反射板がある峰です。観音山と表示されて居るのでこの峰は観音山と呼ばれているのでしょうか、それとも鋸山に観音山という別称があるのでしょうか。また一つ疑問が生じました。

さらに一つ平凡なコブを越えると、本峰の中では一番高い九一〇メートル峰の頂です。石柱が立っており、それには「字初越」「字高ハタ」「乙壱」といった道標のような表示がありました。初越峠へはここからさらにもう一つ次の峰から西方に下ります。

反射板のあった峰から初越峠に下る間には、最近付けられたと思われる赤ペイントが樹木に間断なくあるので迷うことはないでしょう。

深い切り通しの初越峠に出れば、登ってきた鋸山の稜線を眺めつつたくみの里に向かって下るだけです。

（二〇二〇年三月）

初越えの道（峠）

最高地点に立つ石の標柱

III

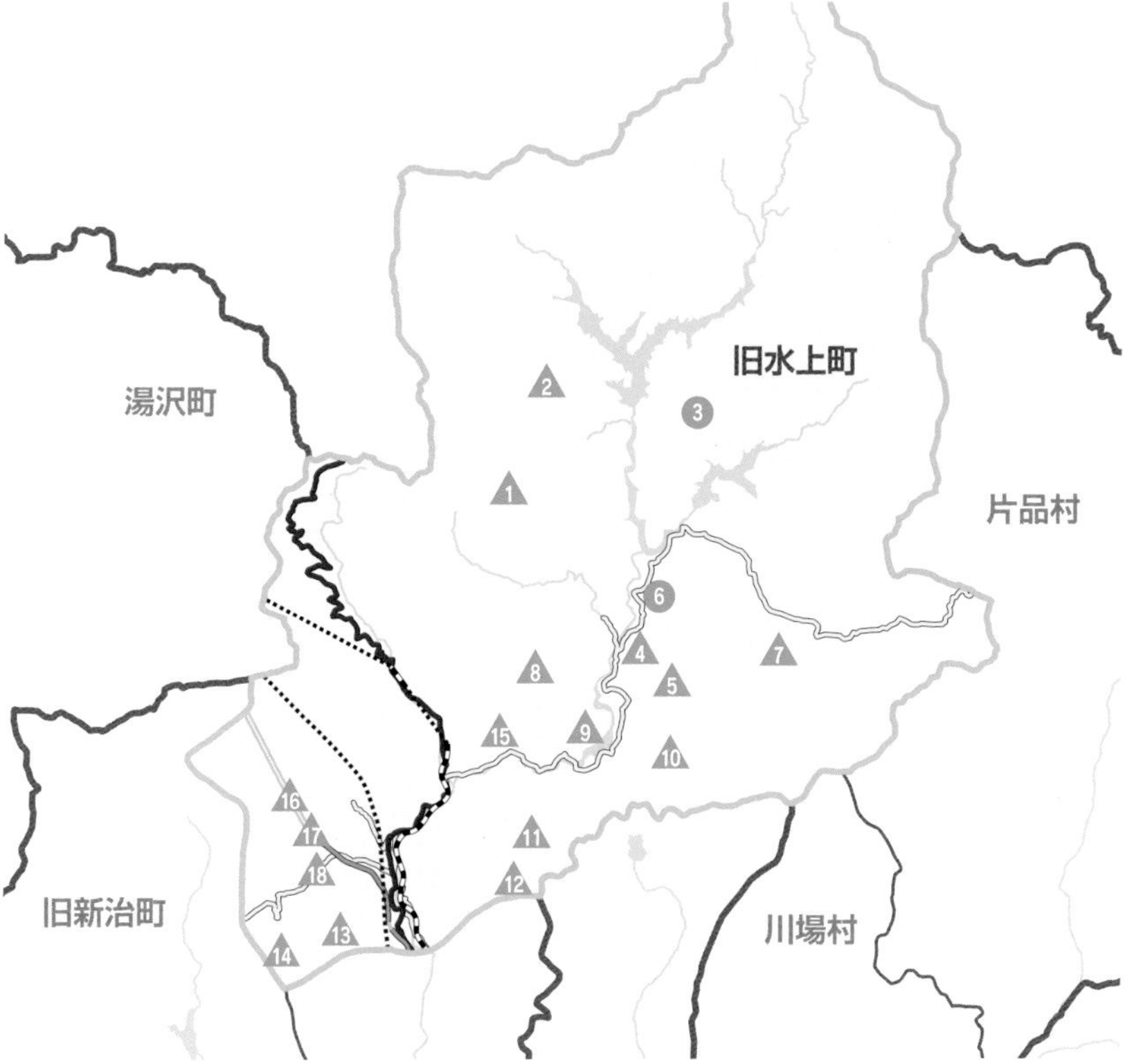

①雨ヶ立山	⑦大幽洞窟	⑬高登山
②家ノ串	⑧粟沢の石尊山	⑭吾妻耶山
③日崎山	⑨高平山	⑮三角点粟沢
④雨呼山	⑩幕掛山	⑯高倉山
⑤宝台樹山	⑪向山	⑰湯蔵山
⑥天狗山	⑫高檜山	⑱今倉山

宝川温泉の奥にそびえる山

雨ヶ立山（一六二七メートル）

雨《あめ》ヶ《が》立山《たつやま》は奥利根、宝川温泉の北西に位置する山で、谷川連峰朝日岳の東方に延びる稜線上にあります。藤原あたりではよく知られた山のようで「雨が立つ」とは、この山に雲がかかると雨が降る、というような天気俚諺の山として里の人々の暮らしに密着してきたのでしょう。

登山道の無いやぶ山ですが残雪期を利用すればさほど難しいところもなく、残雪期の雪山入門コースとして容易に登れそうです。宝川温泉から先の林道をたどりますが、この時季、林道脇には残雪が押し出した倒木が多く見られ、積雪量のすごさを物語っています。

宝川温泉バス停から四十分ほど歩き、短いトンネルを抜けるとその先十分ほどで林業試験地跡の小屋があり遮断ゲートがありました。ゲートからさらに十五分ほど行くと板幽橋手前の少し広い場所に着きます。

雨ヶ立山へは広場のところから右手の踏み跡に入ります。地元の古老によれば、以前、雨ヶ立山には営林署が切り開いた立派な登山道があったそうです。それは四十年も前のことで、今ではわずかに道形を残すのみでやぶに埋もれているはずです。道など期待しない方がよいでしょう。

スギ林の緩やかな傾斜地は、残雪期では方向感覚がなくなるような地形です。スギ林の中を少し進んでから左手の小尾根に取り付き、やぶをかき分けながらなるべく尾根筋をはずさないように登ります。ようやく残雪が連続してきたので軽

板幽沢の激流

雨ヶ立山

アイゼンを付けました。やぶ漕ぎからは開放されたものの、主稜線までは結構きつい上りが続きます。

雪上にはクマやカモシカなどの足跡がたくさんあり、奥利根の自然の豊かさを実感させられます。一三五〇メートル付近の主稜線に出ると尾根筋も広くなり、振り返れば上州武尊山が高くそびえ幕岩岳、高畤山など藤原湖西岸の山々が間近に連なっています。ここから先は大きなアップダウンもなく雪稜が続き、展望も開け、眼下に奥利根湖も望めます。雪稜にはところどころ山スキーのための赤布がついた竹竿が立っていました。この時期、私以外にも登る人はいたようです。

まばらなブナ林の登高はとても気持ちがよく、ブナの根元を見ると残雪がまだ一メートル近くもありました。さらに尾根を行くと、緩やかな二重山稜の地形になり、頂上はそこから高みに向かったところです。

山頂部分だけは雪の無い灌木が茂っていて、一歩踏み込むと激しいササと灌木の密やぶで進むこともできません。三角点標石を探すのはやめて、残雪の縁で食事にすることにしました。西方に続く尾根筋は緩やかな布引山に続き、その先は真っ白な大烏帽子山や朝日岳に連なっています。たどって行きたい風景でしたが見届けただけで十分です。

帰路は往路の尾根を忠実に戻ることにし、美しいブナ林に包まれた雪原を堪能しました。

この山は下部の麓を歩く方がかえってルートファイディングが難しいようで、小枝に小突かれながら板幽橋の袂まで戻ってくると、沢筋の水流は、雪代がまるで滝のようなすごい勢いで宝川にそそぎ込み、遅い春の訪れを告げていました。

（二〇一八年五月）

宝川の水流

雪原のブナ林帯

奥利根、矢木沢ダム周辺の山

家ノ串（一五三四メートル）と日崎山（一三九七メートル）

奥深い利根川の最上流部に矢木沢ダムが建設されたのは昭和四十二年（一九六七）のことです。高さ一三〇メートルもあるアーチ式多目的ダムの東方に位置するのが日崎山《ひざきやま》、西方に位置するのが家ノ串《いえのぐし》です。串とは家の棟を表す表現で同名の峰が武尊山の頂上近くにもあります。

矢木沢ダム周辺の日崎山や家ノ串などは、里山とは言いがたいところがありますが、もしダムができていなければ多分登ることもないであろうし、また世に知られることもなかったろうと思い紹介することにしました。

八木沢ダムへの管理用道路は、手前の須田貝ダムにゲートがあり、四月から九月までの通行期間限定で通行できるため、朝六時から夕方六時までの時間帯なら登山可能です。須田貝ダムから矢木沢ダムまでは約八キロの距離です。

家ノ串は矢木沢ダムの駐車場がある少し手前が尾根筋の西端になり、擁壁に掛けられたパイプ足場の階段からスタートします。上部から急登になり、奥に進むと古びたコンクリート建物のテレビ受信施設がありました。

ここまでは細道を来ましたが、その先は踏み込むのをためらうほどのササやぶです。こうなれば尾根に取り付くより仕方ありません。アスナロの灌木やシャクナゲのやぶはササやぶよりもひどく、根曲がりの灌木帯などはもう歩行困難といってよいほどです。

標高一〇〇九メートルのコブまできてやっと残雪がつながるようになり、段々と歩きやすくなってきました。アイゼン

朝日岳を望む

奥利根湖のさらに奥の赤倉山

山頂直下より望む家ノ串

もこの辺りで装着した方が良さそうです。無雪期の登山記録を見ると、頂上まで悪戦苦闘の登山となるようです。残雪のある五月いっぱいまでが登山の限度でしょう。

二つ目のコブを過ぎるとブナ林帯が現れます。ブナの根元の雪だけが解けているのでまるで雪斑のようにきれいです。

中段の平旦地に着くと、ここは雪が解けてササやぶの中に作業小屋の跡があります。こんな奥深いところで仕事していた人もいたかと思うとなんとも感慨深いです。

ここから先は広い雪面も出てきて頂上付近も見えてきますが、まだまだ遠くにそびえています。

やがて狭い尾根になり右手を登ります。山頂の近くはかなりの急斜面で残雪期の登山はピッケルとアイゼンがないと危険です。

頂上からは奥利根の山々と青い奥利根湖が眼下に望めました。奥利根の山域は指呼が難しい山がたくさんあって山座同定に困ります。山頂から西に向かう稜線上には奥利根の怪峰と呼ばれる刃物ヶ崎山があるのですが、そこまで足を延ばす気力はもうありません。

帰路は迷い尾根がいくつかあるので忠実に往路を下ります。残雪期でも登り四時間、下り三時間の合計七時間の登山でした。

（二〇一〇年五月）

日崎山

家ノ串の反対側にある日崎山についていえば、二十年以上も前のことで記憶も確かではありませんが、ダムの東端を下りビンズル沢を渡った先の尾根から登ったことがあります。

終始残雪を利用しての登高で、山頂に着いてみると、なんと大きな電波反射板が建てられているではありませんか。きっと下からの山道があるに違いありません。そう思うと少しがっかりもしましたが山頂の風景は雄大でした。

日崎山は日の出とともに真っ先に朝日が当たる山という意味のようで、同名の山が尾瀬の至仏山から続く北稜線上にもあります。

八木沢ダムに続く稜線

麓で咲いてたイワウチワ

藤原郷にある雨乞い信仰の山

雨呼山（九一一メートル）

利根川の最上流部に位置するみなかみ町藤原は鎌倉時代、頼朝によって滅ぼされた奥州藤原一族が落人として住みついたといわれる集落です。その藤原郷の中央に位置する雨呼山《あまよびやま》は、古くは雨乞い信仰の山でした。

近年まで人々から忘れ去られていた存在ですが、現在は住民ボランティアの努力によって、良い遊歩道が整備されています。低山ながら見晴らしが良く、上州武尊山をはじめ、藤原湖や洞元湖などを巡る奥利根の山々が一望のもとにあります。またコース途中には龍神岩、雷神岩、風神岩、龍棲洞などといった雨乞い伝説にちなむ名の見どころが数多くあります。

登山口は三つあり、応永寺の松窪コースのほか、東の寺山峠コースと西の大六天コースがあります。松窪コースは応永寺の裏手の道がやや不明瞭となっていたため、今回は寺山峠から大六天までの東西稜線を縦走してみました。

寺山峠までは応永寺から車道を歩いて一・五キロほどの距離にあります。登山口の駐車場は二十台分と広く、遊歩道案

雨呼山（夏）

雨呼山（冬）

内板や山のいわれ書きなどが設置されています。

東からの尾根筋を緩く登り、三百メートルほど進むとゴヨウマツの巨木があり、すぐ先で応永寺からの道と合わさります。さらに二百メートル進むと露岩の多い頂上直下の急登となります。鎖がありますが、右手に巻き道もあり、あっけなく頂上に着きます。

冬季はスノーシューによる登山も人気で、頂部の岩場を登るのが困難な場合は、右手斜面を巻いて北尾根側から登ると容易に頂上に着くことができます。

山頂からの見晴らしは大変素晴らしく、足元に藤原集落が一望でき、眼の前には上州武尊山が大きくそびえ、北方には

道標の立つ山頂

奥利根源流域の山々が望めます。山頂には鳥居と古い石祠があり十二神社が祭られています。

　山頂部を岩峰と呼ぶには、少し大げさですが、いかにも信仰の山らしく龍神岩という名前が付いています。雨呼山の伝説によれば、この地方が日照続きのとき、里の人々は大勢でこの山に登り、大声で天に向かって雨雲を呼んだといいます。ときには山麓の寺から太鼓を担いで山に登り、雷神の雲を呼んで救いを求めたこともあるそうです。辺鄙な野山を切り開いて集落を作り、作物を育てて暮らす人々にとって、天からの恵みを得るには大変な努力が必要であったことでしょう。

　頂上から西方の尾根道へ向かうと雷神岩、風神岩、石舞台などの見晴らし台があります。さらに進むと今度は、延命龍神水と龍棲洞の分岐があり、百メートルほど北に下ったところに、小さな湧水と洞窟があります。名称は信仰の山らしい雰囲気を醸し出すためのものということでしょう。登山道整備のために伐木した尾根を進んで行くと、目の前をカモシカが横切って行きました。

　西端のコブまで来ると標柱には政五郎山と記されています。コブから南の尾根筋を下り、二本のゴヨウマツが抱きあう夫婦松を見たあと、急な樹林帯を下ると、一畝田の人家が散在する大六天コースの登山口に出ます。大六天というのは、道路を北側に百メートルほど向かったところにある石宮で、足の神様を祭ったものだそうです。

　この大六天の登山口から車道を南に下れば、十分ほどで藤原小学校のあった分岐路に出ることができます。

（二〇二〇年四月）

大六天の祠

山頂から藤原湖を望む

山頂から宝台樹スキー場を望む

山頂の石祠

藤原集落周辺の里山

宝台樹山と天狗山

宝台《ほうだい》樹《ぎ》山《さん》（一一五八メートル）

宝台樹という名前は山というより、スキー場としてよく知られています。

宝台樹山はササやぶに埋もれた展望も無い山で、名前負けしているのではないかと思っていたところ、藤原湖の対岸から眺めたときは、思わず「おぉ、あの山はなんだ」と声をあげたくなるほど立派な山容でした。周りが山ばかりのこの奥地にあって、さすが古人は凡庸な山に名前など付けたりはしないものだと感心したものです。

平出集落の先にあるトンネルを抜けたところに青木沢方面への道が分かれます。三キロほど走ると分岐が現れ、スキー場とキャンプ場との道に分かれます。右手の道に入れば四百メートルほどで宝台樹キャンプ場です。三十台分以上もある広い駐車場にはトイレや水道設備も整っています。

キャンプ場入り口の道路脇を見ると朱色の鳥居と古そうな石祠があります。祠は枯れた桜の巨木の下にあって鳥居に雷電神社と書かれた額が掛かっています。古くは雨乞いのための神社であったようです。

宝台樹山頂の三角点

赤鳥居から擁壁のあるテニスコート脇を通って百メートルほど進むと林道状の道に出合います。この道を登って行くとジグザグ道になり、幾度か折り返すとその先右手から尾根筋が出てきます。宝台樹山頂はその反対側の尾根にあるのですが、樹木が生い茂って極めて分かり難い入り口になっています（青いビニールテープを取り付けてあります）。

最初は林道状の道が、上部へ延びているので、こちらが山頂だと勘違いしてしまいました。林道の行く先はスキー場のゲレンデ上部に当たる場所でした。道は間違えてしまいまし

宝台樹山

たがお陰で素晴らしい展望を得ることができました。

山頂方向の尾根入り口まで戻って中に入れば、かなりしっかりした道形がありました。しかし山頂直下になると腰丈以上もあるササやぶとなり、足元の踏み跡を足で探りながら進みます。山頂は前述したとおりで三等三角点の標石が寂しくあるだけで展望もありません。紅葉にもまだ早く、あとはキャンプ場へ戻るだけです。

ところで、この宝台樹キャンプ場から一・八キロほど奥にある裏見の滝は武尊川に架かる勇壮な滝で、落ち口を裏側から眺めることができるのでこの名前があります。滝の入り口は武尊山の登山口にもなっていて、三十台分の駐車場とトイ

裏見の滝

レが完備されています。滝の展望台は整備された遊歩道を下って五分ほどの距離です。滝を裏手から見る歩道は閉鎖されてしまったようで残念です。

（二〇二〇年九月）

キャンプ場入り口にある鳥居

天狗山《てんぐやま》（一〇一八メートル）

天狗山は藤原スキー場がある山で、その頂には立派な祠が祭られています。周辺集落の大沢や大芦の人たちが山仕事をするときにお参りをした山の神様だそうです。スキー場ができてからは、山仕事をする人もほとんどいなくなり、今ではお参りする人も居なくなってしまったと聞いています。

藤原スキー場の入り口バス停から九百メートルほど奥に入ると藤原スキー場があります。ホテルや民宿などの宿泊施設があり、夏季には野営キャンプなど屋外活動などができるようになっています。

広々とした駐車場から天狗山を見上げれば小さな山で、スキーリフトが山頂方向に延びています。夏草の茂ったゲレンデを登りリフトの最上部まで行けば、山頂はもう目と鼻の先です。しかし踏み跡などはまったく見当たりません。僅かな距離ですが激しいやぶをかき分けて尾根まで出るとかなりはっきりとした踏み跡がありました。山頂部はなかなかの急登で、頂上に着いてみると、なんと立派な祠が鎮座していました。

ブロックと鉄板でできた祠でその中をのぞくと確かに山の神様が祭られていました。

頂上には三等三角点が置かれブナ、ミズナラ、カラマツな

天狗山（藤原スキー場より）

天狗山山頂の祠

天狗山のブナ林

天狗山の三角点標石

どが茂って眺望はありません。

登りコースでゲレンデを使ってしまったので、帰路は尾根筋を下ってみることにしました。頂上直下はブナの純林で美しい木立が構成されています。平坦になる場所までやって来ると、ここにも石祠が置かれていました。窓の部分が破損しバラバラの状態で置かれています。祠をあちこちひっくり返して刻まれている文字を読もうとしましたが、年代などほとんど読めません。かろうじて分かったのは大芦という集落名だけでした。

山頂からこの石祠の位置までは明瞭な踏み跡がありましたが、そこから下の尾根筋はほとんど踏み跡がなく、小枝などにこづかれながら最終的に出た場所はゲレンデ脇にある浄水施設のそばでした。

ところで、天狗山という山は各地にあって、大変ありふれた山名です。ここ天狗山の三角点標石の点名は「大沢」であり、石祠に刻まれていた文字が「大芦」とあれば、いずれもこの里山の集落名で、今では藤原のみになってしまったのですが、かつての地名を残すために「大沢山」とか「大芦山」とか、語り継ぐ人がいるのではないかと期待し聞き歩いてみたものの、やはり地元の皆さんは一様に「天狗山」と言っていました。


（二〇二〇年九月）

天狗山の中腹にある石祠

氷柱が見られる武尊山麓の洞窟

大幽洞窟遊歩道

宝台樹スキー場の奥にある大幽洞窟《おおゆうどうくつ》は、冬季になると大きな氷筍が見られることで有名です。武尊山の登山道がある手小屋沢コースの近くにあり、古くは猟師や炭焼きの泊り場にも使われていました。

この洞窟には八束脛大明神の伝説が残っています。八束脛というのは脛の長さが握り拳八個分もある大男で、田畑の作物を荒らし回るので、怒った農民が縛り付けて餓死させてしまいました。その祟りを恐れた農民が八束脛大明神として祭ったといわれます。

宝台樹スキー場入り口の上ノ原入り口バス停からスキー場へ向かう途中、三・七キロの地点に遊歩道の案内板が立っています。ここは武尊山の登山口にもなっていて、大幽洞窟の案内板のほか登山者カード入れなどもあります。

案内板に登山道への近道とあるので正面の道を登ると、五分ほどで立派な林道（車道）に出ました。この林道は奥で工事中らしく車の通行はできません。しばらく歩いて行くと遊歩道の入り口があり、ここで武尊山方面と大幽洞窟方面とに分かれます。

大幽洞窟

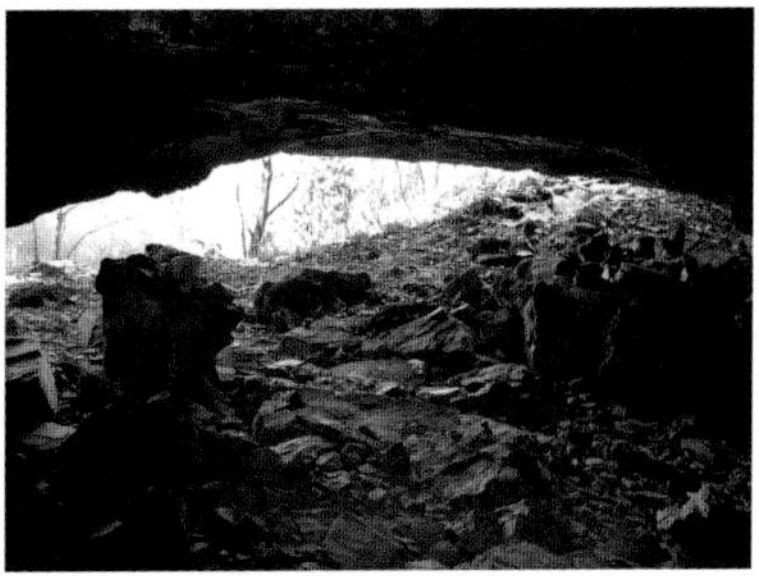
洞窟内部から見たところ

大幽歩道は大幽沢に沿っており、周囲は広大なカラマツ林が広がっています。十五分ほど登ると沢筋が二手に分かれ大幽沢とわさび沢とに分かれます。右手のわさび沢には水源林増進事業の看板があり、こちらの道に入ります。ここからは細い山道となり、沢筋にはサワグルミの大木が多く見られます。しばらく行くと修蔵の炭焼き釜があります。もちろん今では使われていない石積みの残る小さな釜です。

やがて左右見上げる周囲に岩場が出てくると、サワグルミの大木に赤ペイントの矢印があったため、左手の斜面に向かいます。ここにはロープが取り付けてあるのですが、積雪期ではおそらく見えないし、使うこともできないでしょう。

大幽洞窟の登山口

目印になる大きな古木

コース途中から朝日岳を見る

実は登ってくる沢筋にはピンクテープの表示がずっと付いていたのですが、横に走る山道やロープなどを見逃してしまい、沢筋をどんどん登って稜線近くまで行ってしまいました。誤りに気付いて洞窟を探しながら下ってきたところで、やっと見つけた洞窟は上部の岩棚が見えるだけで、入り口までは登り切らないと見えません。雪のため大変なロスをしてしまいましたが、積雪期ではルートが分からなくなるのでこうしたことはよくあることです。目印になる修蔵の炭焼き釜にしても積雪期では多分分からないでしょう。洞窟に向かう横道はサワグルミに矢印がある所からですが、その少し手前に大きな空洞のある巨木の根っこが屹立しておりこれが良い目印

大幽洞窟

になりそうです。

洞窟の中は結構広く、猟師が宿にしたというのもうなずけます。近くの沢から清水も得られるので一定期間ここに留まることは可能だったでしょう。

私が登ったのは初雪が降ったあとの十二月初旬であったため水柱は見られませんでした。武尊山という火山が造りだした溶岩洞窟の水柱を見ようと、冬のツアー山行などもよく開催されているようです。

（二〇二〇年十二月）

藤原湖西岸のヤブ山

栗沢の石尊山（一三三一メートル）

石尊山と呼ばれる山はこの利根郡に六山もあります。三峰山西麓にある月夜野石尊山、旧白沢村の観音寺裏手にある高平石尊山、赤谷の後山前衛峰である石尊山などをはじめ、旧新治村の味城山や沼田市の戸神山なども別称で石尊山と呼ばれます。

石尊とは、天から神さまが降りてくる岩場を指しており、古くより信仰のあった山が多いのですが、ここで紹介する栗沢の石尊山は六山の中では一番標高が高く、難易度も高いのですが、信仰的なものは見当たりません。

利根川をはさんで対岸にある奥利根スノーパークのゲレンデからこの山を望むと、中腹に電波反射板のような白い構造物が見えます。電波施設ならそこに行くまでの山道がきっとあるはずで、さらに山頂まで道など無くても登ることができるだろうと安易に考えていたのですが、このとき石尊山という山名の意味を後で知ることになるとは思いも及びませんでした。

栗沢の信号から藤原湖西岸の道路を二キロほど行ったカー

栗沢の石尊山（奥利根スノーパークから望む）

石尊山山頂

ブ地点に送電鉄塔に向かう道があります。入り口に錆びた杭があり、かろうじて「須田貝線九番」と読めます。鉄塔基部までは五分もかからない距離なのですが、この鉄塔を選んだのは、まず第一に石尊山の登山口を決めるためでした。

鉄塔の周りは伐木してあるため灌木のやぶになっています。小尾根に入るとわずかな踏み跡があり、残置された林業用ワイヤーロープなどもありました。登り切った台地からは尾根筋が九十度変わります。この台地には図根点を示す石柱が設置してあり、その方向には踏み跡と明瞭な赤ペイントがあるのでこちらが本来の登山口に当たるコースだったかもしれません。登ってきた方角に対して右手へ直角に折れ、一旦下ってから次の尾根筋に入りました。

初めはアカマツやミズナラの巨木などが多い穏やかな尾根でしたが、登るにつれ痩せ尾根になり岩場も出てきます。さらに進むと突然目の前が切れ落ちて先が絶壁になっていました。のぞき込んで、よく見るとロープが取り付けてありました。

ロープがなければ、ここで断念して引き返すところです。躊躇しながらも慎重にそっと降りました。

こんな岩場があるとはさすが石尊山だと思いました。これ以上怖い岩場など出てこないことを祈りつつ、また前進します。

電波反射板の立つササ原

ロープはこの先の急坂にいくつか取り付けてあり、ようやく白い反射板の立つ台地にたどり着きました。周りだけ樹木の無いササ原で、南面に尼ヶ禿山から向山に続く稜線が望めます。

地図上ではここから先の等高線がかなり混み合っていて急登が予想されます。山頂方向の様子などまったく分からないので、小休憩だけで反射板後方から急な尾根へと進みました。

尾根筋は明瞭ですが急傾斜で岩場もあり、マツを見れば深山らしくアカマツからゴヨウマツに変わっていました。

樹間に真っ白に雪をかぶった谷川岳が見えると、ここが奥利根の地であることが実感されます。とにかく急ではあるけれど幸いなことにササやぶやネズコのやぶは無く、ツツジなどの灌木はたくさんあるので、ロープ代わりに使えます。中段まで登ってきた所で大きな岩場が出てきました。乗り越えられるようなものではないので、右手の急斜面を巻きながら登ります。下手をすればずり落ちてしまいそうです。急登はまだまだ続き、仰ぎ見れば左右の稜線が見えています。それが段々と狭まってきたところで傾斜が緩んでくると、ようやく山頂です。

しかし頂上の台地は、予想もしなかった激しいネズコのやぶです。身動きも取れないほどで休憩どころの気分ではありません。余裕があれば、お隣の高畴山まで足を延ばすつもりでいたのに、こんなやぶ状態ではとんでもない話です。高摂山には十年以上前に残雪期に登っている山なので諦めて、往路を戻ることにしました。
帰路も、登りと同じくらいの時間を掛けながら慎重に下らなければなりません。未知の山での単独行は、道迷いやけがなど絶対に起こせないのですから。

（二〇二〇年十一月）

粟沢の石尊山

尾根筋から谷川岳を望む

石尊山山頂のヤブ

栗沢集落の裏手を占める山

三等三角点栗沢（九八三・七メートル）

この山は栗沢《あわざわ》集落の裏手にある山で、石尊山に登った折に眺めて次の登山目標に決めていました。位置的には利根川を挟んで奥利根スノーパーク（スキー場）と対峙し、標高は藤原湖の西岸にある高平山とほぼ同じ高さです。

奥利根スノーパーク入り口のバス停から二百メートルほど綱子方面に戻った所に送電線巡視路の入り口があります。擁壁の終わった所にある須田貝線No.24と記された黄色の杭が目印です。

巡視路はすぐ東側にある小沢に沿って上っています。尾根上に立つ送電鉄塔に向かう分岐路が右手のスギ林に続いているのですが、落ち葉で巡視路を示す赤い杭が見つけにくく、しかもすぐ上部には最近になって開削されたばかりの林道ができ、垂直の高い切り通しを登ることもできず、巡視路のルートは寸断されてしまいました。

やむを得ず沢沿いを進むことにします。簡易水道施設があるところで道は終わり、ここから右手斜面を登って尾根上に向かいました。尾根に出ると緩やかな台地が広がり、僅かばかりの踏み跡が認められます。

比較的若いミズナラとブナの樹林帯が続く尾根筋をたどると山頂部の西側稜線上につながっていました。やや急斜面になりますが岩場などはなく、うるさい灌木帯もササやぶ帯も

三等三角点栗沢

三角点粟沢

ほとんどなくて登るのは容易です。尾根上に出たら右手に進むと三角点のある頂上です。アブラッツジの灌木の中に三等三角点標石がありました。

山頂から北方を見やれば赤沢山から粟沢ノ頭に続く稜線の連なりが樹間を通して立派に見えてきます。粟沢ノ頭というは、粟沢の源頭部に位置し謙信岩と呼ばれる岩場を纏った立派な山容です。点名の「粟沢入」は珍しく、源頭や頭などという言葉はあまり一般的ではなかったのか、命名した測量官は「入」としたのでしょう。東隣にそびえる粟沢ノ石尊山もピラミダルな山容で大きくそびえています。

コースを確認しておきたかったので、十五分の休憩を取っただけで下ることにしました。帰路は尾根筋を順調に下り送電鉄塔下に出ました。ここからの巡視路はしばらく明瞭でしたが、またもや新しく開削された林道によって分断されてしまい、分からなくなってしまいました。この林道は高い切り通しになっているため下ることもできません。持っていた細引きロープでずり落ちながらやっと林道に降りることができました。

送電鉄塔への巡視路自体が無くなってしまうことはまずありえません。電力会社によって巡視路が整備されることを祈ります。

実は当初の登山計画では、山頂への最短コースと思われる尾根筋がありました。それは粟沢の信号から少し先にある武尊神社からのコースで、一度は登頂を試みました。

ところが神社から上部は落石が非常に多い急斜面で、しかも落石防止ネットが施工されています。それでも登って行くと幅広い尾根筋に出る手前に大岩が立ちふさがるようにあり、ここを巻いて進んでも帰路で滑落する危険があるため登高をあきらめたのでした。

奥利根の山では、低山であってもこうした登行を断念する山がいくつかあります。

（二〇二一年五月）

尾根上の樹林帯

尾根上のブナ林帯

粟沢の集落を流れる利根川

藤原湖西岸の山

高平山（九八一・五メートル）

高平山《たかひらやま》は藤原湖の西岸に位置する山で、藤原ダム管理事務所の電波施設や日本大学の実習演習林などに利用されています。

藤原湖は、昭和三十三年の藤原ダム建設によってできた人造湖で、南北に細長く、伝説を秘めた藤原郷の民家一六〇戸を湖底に沈めています。藤原ダム管理事務所前バス停を降りるとすぐ先が、国交省の利根川水系ダム統合管理所です。堰堤側の車道には行かず、左手へ分岐している西岸道路を進みます。車の場合は藤原ダム管理事務所前に置くことができます。

事務所前から西岸道路を三百メートルほど進むと、日本大学の水上演習林の白い看板が立っています。その少し手前の岩には赤ペイントの矢印があります。登り口の緩い尾根があるのですが、現在ではまったく使われていないようです。藤原湖周辺は、裏日本気候型の豪雪地帯に属し、低山といえども冬季には二、三メートルもの降雪にみまわれるため道路上は落石が多く、ガードレールなどはあちこちで湾曲しています。

看板からさらに三百メートル先が、登山口になるですが、その登り口には登山標識のようなものはありません。その代わりに「ハクウンボク、フジキ、ハウチワカエデ」の三種類の樹種を示す説明板プレートが樹木に掛かっています。山中ではブナやミズナラなどのほか、他にも樹種プレートがたくさん付いていています。落ち葉が積もり歩きやすいジグザグ道が山頂の少し手前の西稜線上へとつながっています。

西の尾根に出て十メートルも登らぬうちに、今度は稜線左手に向かって明瞭な山道が分岐しています。この道にも樹種プレートが付いているので、きっと実習用に造られた山道なのでしょう。

高平山の山頂は小平地に三等三角点があり、南側には鉄パイプを組み立てた櫓も見られます。太陽光パネルや電波反射板のほか、風向計、風速計、積雪計などのいろいろな機材が取り付けられていました。

山頂からの展望は素晴らしく、眼下の藤原湖をはじめ上州

高平山

武尊山の山並みは雄大で、周囲を望めば至仏山など尾瀬の山々も見渡せます。

藤原湖を挟んで高平山と対峙する大きな山が幕掛山です。山頂からは西尾根のほか、東尾根、北尾根の三方向にも尾根筋が延びていて、造林学習に使われているためか、どの尾根筋にも明瞭な踏み跡がついています。今回は樹種プレートが付いている北尾根を下ってみることにしました。

明瞭な尾根道を十分ほど下ったところの鞍部で左手に分岐路が出てきたのでこの道をたどって行くことにしました。

この山道はスタートしてから山頂下で左手へ分岐していた道につながっています。このコースにも間断なく樹種プレートが付けられていてコースを一巡するだけで二、三十種類の樹種が覚えられそうです。カモシカにも出合いました。

山頂直下の稜線に出たら、今度は南西方向に延びている尾根筋をたどることにしましょう。少しやぶっぽくなりますが明瞭な道が続いていて、古い地図にはその南端に電波塔のマークが記されています。

樹種プレートも道標もまったく無くなり、樹間越しに谷川岳の純白な山容を眺めながらの稜線歩きがしばらく続きます。緩やかな鞍部までやってくると、西峰手前はかなり痩せた尾根になっています。

西端の高みにたどり着けば電波塔などはまったく見当たら

ず、立っていたと思われる場所は雑草が茂る平坦地があるだけでした。小休憩して西峰からの下山道を探しましたが、この電波塔跡からの道は消失してしまったようです。

西峰から下の道路へ降りるには崖の可能性があるので、安全を考えて痩せ尾根を戻り鞍部から湖畔道路へ下ることにしました。非常に緩い尾根筋をたどっていくと、日大の古い石標が現れて、以前はこの尾根筋を登路にしていたことがうかがえました。

湖畔道路に降りた場所は演習林の看板があった地点です。下の道路が見えてきたときのこと、人でもいるのかと思ったら、驚いたことにサルの一群でした。群を逃がすためボスザルだけが残って私を監視し、群が遠く離れたところでボスザルも姿を消しました。

高平山は、平凡な山容ですが、山を全体的に見れば、自然がとても豊かで、樹林も美しい山です。

（二〇二〇年四月）

尾根道を行く

演習林の循環道

高平山頂（電波反射板と気象観測機材を取り付けた櫓がある）

藤原湖の東方にそびえる

幕掛山（一四〇九・九メートル）

幕掛山《まくかけやま》は藤原湖の東方に位置する山です。藤原の平出地区や青木沢地区の集落に近いので里山であることは違いありませんが、一般登山者が容易に登れる山ではありません。というのも登山道が無い上、稜線上はネズコの灌木帯と背丈を超すササやぶが頂上まで連続しているため、残雪期にわずかの登山者が訪れるだけです。元々はブナやミズナラなどの美しい原生林が広がる山だったと思われます。

四十年ほど前、広範囲の伐採が行われたのを見て、残雪期を利用して登ったことがあります。無雪期の山としては実際のところがどうなのか、再度登って確かめてみることにしました。

藤原ダムから二キロ先に夜後沢橋バス停があります。水量豊富な夜後沢が藤原湖に流れ込む場所で、豪快な夜後沢の大滝はこの奥にあります。一般観光客が気軽に来られるような場所ではなく、山に詳しい地元の人や精通した登山者でなければおすすめできません。

山道は夜後沢の右岸沿い（橋を渡って右手）にありますが道標類など一切なく、道も整備されていません。

夜後沢は水量豊富で急流な沢で岩場も多く、沢を高巻く場所では転落しないよう注意が必要です。大滝の少し手前には一カ所ロープの掛った岩場があります。

落差三段もある大滝は、近づくとゴーゴーと豪快な水音を立て流れ落ちています。対岸から眺めるだけでもしぶきがか

夜後沢の大滝

幕掛山（藤原湖畔より）

夜後沢に懸る無名の滝

幕掛山の山頂

かり足元の岩場は注意が必要です。近づくこともできません。
山道は夜後沢と別れる左手の沢の方に続いていますが、先はかなり不鮮明です。十五分ほどたどると頭上に尾根が感じられ、右手に水流のない枯れ沢があり、この枯れ沢の途中から幕掛山北方に延びてくる九五〇メートル圏の稜線鞍部に出ます。

幕掛山に登るには、おそらくこのコースが最短だろうと考えられます。しかし鞍部に出てみれば稜線上はネズコの灌木が繁茂し、歩き難いことこの上もありません。主稜線に出るまでやぶ漕ぎに終始すれば、帰路迷うことは必至です。実際、ネズコのやぶが終わったかと思えば今度は背丈を越えるササやぶで、隙間を見つけて漕いで行くか巻くしか方法はありません。幕掛山北方の主稜線に出ても平坦地に差し掛かるたびにネズコのやぶがひどくなります。

山頂近くまでやってくると古い営林署の境界標柱の看板が出てきました。古い道形のような跡も認められるのですが、ササが激しくて歩くこともできません。

こうしたネズコの灌木帯は四十年前の伐採が原因です。原生林の木を伐採すると、回復するまでに百年以上かかるといわれる意味がよく分かります。途中、何度も山頂を踏むのを諦めかけましたが、何とか山頂台地の一角にたどり着きました。

ネズコの巨木がある場所で山頂らしい雰囲気のある場所です。山頂台地は南北に細長く、三角点があるのは百メートル先です。やぶ漕ぎはもうしたくありませんが重い足を引きずって三角点位置まで来てみれば、標石が見当たりません。山頂プレートの類も見当たらず、幕掛山はやはり残雪期を利用して登るべき山であったかと思い知らされました。

帰路はGPSで確認しながら、通常の倍以上の時間をかけて慎重に下ります。幾度も転倒したので脚は傷だらけで、衣類も破けて使い物にならないほどです。無雪期の幕掛山はこりごりですが、夜後沢の大滝は一見の価値があります。

（二〇一〇年六月）

夜後沢バス停と夜後沢橋

藤原湖から眺める幕掛山

スキー場のある奥利根の寂峰

向山（一三二三・五メートル）

向山《むかいやま》の北麓には奥利根スノーパークというスキー場があります。藤原方面に向かい幸知、綱子の集落を過ぎ国道から分かれて向山橋を渡ると、二、三百台分はあろうかという広い駐車場とスキー場のゲートハウスがあります。奥に向山温泉の民宿もある場所です。

民宿の奥からはスキー場の中段にあるレストハウスまで車道が通じていて、道路の入り口には関係者以外立入禁止の表示があります。車の乗り入れも通行もできないのでゲートハウスの脇からゲレンデを登ります。

ゲレンデの直登はかなりきつい上りです。レストハウスからはゲレンデの脇の道路を歩くことにしました。進んで行くと、今まで最上部にあったリフト終点が延長されていて、向山の西側稜線となっている平坦地まで延びていました。以前はゲレンデ終点から尾根を登ったのですが、今回は展望の良いゲレンデの中の上りです。振り返れば谷川連峰や朝日岳はもちろん、藤原郷の山々が一望のもとです。

真新しいリフト終点から奥に見えている稜線までは三、

山頂へ樹林の切り開き

向山（藤原湖東岸道路より）

四十メートル足らずです。腰丈以上のササやぶを漕ぐと間もなく稜線上に出ました。

ササ刈りされた稜線には踏み跡がありました。さらに喜ぶべきはブナの自然林になっていることです。平坦地を進めば赤い境界杭やテープなども現れ、これなら簡単に頂上が踏めそうだと思っていたところ、北に尾根を振り分け、山頂部への上りに差し掛かると腰丈のササやぶになってしまいました。頂上もササやぶで、三角点を探すと足元のササの中です。少しくらいは奥利根の山岳展望が楽しめるかと思ったのに残念です。

積雪期ならスキーリフトを乗り継いでこの山頂に来ることは容易であると思います。樹上のかなり高い位置にテープ表示もあったので、冬季に登った人がいるようです。

昔はリフト終点の平坦地から西の尾根をたどる遊歩道があったのですが、今ではまったくのやぶ状態です。ゲレンデを下りながら振り返ってみても、向山はその平凡な稜線を見せるだけで山容などさっぱり分かりません。

向山はあまり人に知られない山ですがスキー場のある集落の地名自体が向山であり、向山温泉という民宿もあるくらいですから山も立派でなければなりません。

この山は、藤原湖の東岸道路から眺めたときが一番立派な山容を示しています。

（二〇一〇年十月）

ササに埋もれた三角点標石

スキー場ゲレンデを登る

長い林道歩きと道の無いやぶの稜線をたどる

高檜山（一三二五・一メートル）

高檜山《たかびやま》は小日向沢の源頭に位置する山で、小日向集落にとっては盟主のような存在の山のはずですが、この山に登山道と呼べるようなものは一切ありません。

今までは残雪期を利用して登ってきましたが、無雪期の状態では一体どうなっているのか調べるため、あえて夏期に登ってみることにしました。

小日向沢の急流

国道から吊り橋風の白い諏訪峡大橋を渡って小日向集落に入ります。小日向橋を渡った所から沢沿いの道に入り、集落を抜け、舗装路が終わると小松発電所導水路の高架橋があります。車の場合はこの付近の空き地に駐車するとよいでしょう。小日向沢は、所々に小滝が落ちる水量豊富な沢で、眺めながら林道をたどります。

水路橋から五分ほど行くと石積の上に小屋掛けの木製祠が祭られていました。額盤の文字が古くて読み取れず、何の神様のものか分かりませんでしたが、登山の無事を祈って先に進みます。

二十分ほどで林道小日向線の表示板があり、表示板の示す現在位置と林道起点とが同一なのかよく分かりませんが、その通りとすれば終点まで、まだ三キロもあります。林道はこの後大きく沢を迂回するように続いています。本流に流れ込む枝沢がたくさんあるからのようです。堰堤が道路上を横断する辺りまでオフロード車ならやってこられそうですが、ここから先は道が非常に荒れてきます。

水路の橋脚

草木が道路いっぱいに茂り、落石や押し出された岩石が散乱し、氾濫によるものか道路上を沢水が流れ、果ては沢水で道路が寸断されているところもありました。擁壁やガードレールなどから費用を掛けた道に見えますが、維持費も高いのかもしれません。歩くのも難儀な状態で何とか林道終点に着きました。

終点広場に着いた途端、イノシシがものすごい勢いで逃げていきました。来る途中でやまビルに取り付かれ足を吸血されてしまいましたが、イノシシの生息域では仕方ありません。林道終点には、小日向沢の源頭に当たる小沢と山頂方向に延びる小尾根とがあります。

残雪期なら沢の方を登るのですが、夏場なので今回は尾根筋を登ります。尾根上には、不明瞭ながら踏み跡があり、イノシシの掘り起こしもたくさん見られました。

カラマツ林が終わり、少し平坦地に出てからまた登り始めると、今度は地面にはうようなネズコの密やぶが出てきます。しかもこのネズコのやぶは頂上までずっと続きます。尾根筋を外さないように、右に左にやぶの薄いところを越えて進む以外方法はありません。遅々として歩が進まず、林道終点から頂上まで二時間も掛かりました。

高檜山は二等三角点の山で、周囲にカラマツ、リョウブ、ミネカエデ、ネズコなどの木が茂り展望はありません。新しい山頂プレートと古いプレートが目立ちますが、樹上を見上げれば高さ三メートルほどの位置に赤テープが付いていました。これは冬季の積雪量が二メートル以上積もることを表わしています。

帰路も慎重に、途中で登路に使った尾根と奈女沢鉱泉裏手の稜線に続く尾根を分けるので間違えないように下ります。

残雪期ならやぶもなく、途中から左手の沢を下ることもできます。残雪期だと三十分もかからないところを、一時間以上もかかって林道に下りてきました。高檜山のみに登山するなら、この林道を利用するのが目下のところ最短コースでしょう。小日向の集落までは四、五キロほどの距離です。今回は水かさの増している小日向沢を眺めながら長い林道を下りました。

（二〇二〇年八月）

山の神様を祭る神社

ネズコのやぶを行く

高檜山頂

高王山（手前の山）と高檜山（中央奥の山）

阿能川集落の南に見える鋭峰

高登山（九五六・一メートル）

標高はさほど高くないのですが遠方から眺めるとかなりの鋭鋒で、一度は登ってみたいと思わせる山容です。山頂には石祠が二つ置かれ、かつては信仰の山であったことがうかがえます。しかし地元の人に聞いても、山名を知っている人は誰もいませんでした。

祠を祭る山に名前がないはずはありません。ここでは山頂に置かれている三等三角点の点名「高登《たかとう》」を使うことにします。高登はなんとなくこの山の雰囲気を伝えているようです。おそらく近隣で呼んでいる山名かまたは地名であるに違いありません。

みなかみ町湯原の信号から猿ヶ京、阿能川方面の道に向かい一・二キロで左手に分かれるよつや橋を渡ります。橋にはマイタケ園とそば屋の看板が出ているのですぐ分かるでしょう。橋を渡った突き当たりがそば屋さんで、その手前を右手に向かうと阿能川親水公園があります。ここから登ることにしました。

公園入り口から出てすぐ右手に斜上する狭い舗装路を登り、分岐路で一旦反対方向に戻ってから高速道路のガード下をくぐります。高速道路の反対側に出て道路沿いに少し下った場所が尾根の取り付き地点です。

やぶに埋もれる石祠

山頂の三角点

この近辺には排水路の側溝があって、これは高速道路の周辺施設として設けられたものでしょう。尾根上まで道はなく、スギ林の中を登ります。敷地境界柱などがある尾根に出れば、わずかの切り開きと踏み跡があります。急登すると七四〇メートルのコブに着きました。北側の尾根からも踏み跡が上ってきていて、これがもう一つの登山口ルートで考えていた尾根です。

ここから山頂までの一部痩せ尾根になっている所以外ほぼ

高登山

稜線は明瞭で、自然林が広がります。樹種はコナラ、リョウブ、赤芽カンバなどの落葉樹です。一旦平坦地に出てから再び登りとなって、すぐ頂上かと感違いするコブの先も、アップダウンが続きます。山頂部に差し掛かると急斜面になり岩場も現れます。よく見れば岩屋になっているようです。

ここは巻き道も見当たらず中央の狭い隙間を登らなければなりません。躊躇しながら何とか突破すると再び岩が現れ、今度は左手に巻き道がありました。

急斜面を上り切って、ようやく山頂にたどり着けば三等三角点の標石ともう一つ大理石があり、その奥に石祠が二つ置かれています。倒れていた祠を元に戻し、粗塩と白米をお供えしました。祠に「阿能川」や「世話人」などと彫られた文字を読むことはできましたが、肝心の設置年月などは分かりませんでした。

祠の周りはツツジの灌木が生い茂っており、人が登った気配などまったくありません。騒々しい高速道路の走行音もなく静かな寂峰です。

帰路は岩屋のあった岩場が少し不安でしたが、ずり落ちることもなく何とか着地し、後は尾根を難なく下って七四〇メートル地点のコブに着きました。

予定していたもう一方の登山口を紹介するため、今度は北側の尾根を下ることにしました。こちらの方が踏み跡もしっかりした明瞭な尾根筋です。この尾根末端は水路側溝が始まる場所です。鉄製階段が下の水路側溝に架かっていたので三段目まで下りたのですが高速道路上に出てしまいそうで止めました。

やむを得ず北側の急斜面を下ると、赤くて長い高速道路の陸橋下に出ました。橋桁の下をくぐると草深いながらも道があり、もときた道へとつながりほっとしました。

（二〇二〇年十月）

山頂直下の岩屋

阿能川親水公園

日本武尊を祭る信仰の山

吾妻耶山（一三四一メートル）

吾妻耶山《あづまやさん》は日本武尊の東征伝説を伝える信仰の山です。山頂に祭られる吾妻耶三社神社は沼田城主真田伊賀守が寛文二年（一六六二）に建立したのがはじまりで、信仰あつく明治時代まで参詣する人が後を絶えなかったと言います。社殿はその後山火事により焼失してしまったそうですが、現在頂上に鎮座する三基の立派な石宮は、近隣十村が明治二十四年に建立したものです。

古き山道は寺間や赤谷など多方面からありましたが、山の南面にスキー場ができてしまい、登山コースとしては面白みがなくなりました。

おすすめコースは赤谷越（仏岩峠）からたどる北尾根コースです。稜線は北面であるため三国山脈に属する豪雪地帯に近くブナ、ミズナラ、シャクナゲなど樹相が南面とは比べものにならないほど豊富で自然を満喫できます。仏岩峠へは、県道二七〇号相俣水上線の通る仏岩トンネル手前にあるポケットパークから入山します。広い駐車場にはモニュメントの他、案内板、トイレ、公衆電話などがあり登山基地にもってこいのような場所です。

登山道はあずまやの脇から始まります。初めは雑草の茂る山道といった感じですが、峠の近くまでくると植林のヒノキ林に混じってミズナラやブナなどの自然林が出てきます。仏岩峠は十字路で赤谷越の山道が乗り越し、北方への稜線

山門を示す石の柱

山頂に置かれた三つの祠

仏岩峠

は送電線巡視路が延び、南方に吾妻耶山の登山道が延びています。峠から四、五分登った所には高さ十メートル近くある仏岩が屹立しています。峠の名前にもなっているこの岩は、袈裟をまとった坊さんの姿に見えることから仏岩と呼ばれています。その反対側斜面にも仏岩と同じような岩峰が屹立しています。

尾根筋は所々岩陵帯があり、巻き道や迂回路が出てきます。樹相はミズナラ、ブナ、リョウブ、ホウノキなどの巨木が見られ樹下にはシャクナゲ、ミネカエデ、ドウダンツツジなどの灌木が美しく見事に調和しています。

比較的緩やかな山道が続き、中腹道が分岐する辺りから急登がはじまります。山頂近くまでくると、昔の登山道が通っていた岩陵は通行止めで、現在は右手の枯れ沢のようなくぼ地に一旦下ってから東西につながる稜線上に出る道が開かれています。枯れ沢の東面は吃驚するほどの岩場が連なっており、山頂の大きな石宮はおそらくこの岩石を運搬し加工したものでしょう。

分岐点から平坦地を二百メートル東に向かうと山頂の東端に着きます。広々した台地には、人の背丈以上もある大きな石祠が三基祭られていて、これほど大きな石祠はどこの山でも見たことがありません。土台には近隣十村の名が彫られており、正面の屋根には真田家の紋章である六文銭が刻まれています。山の歴史的説明案内版のほか谷川連峰のパノラマ図も設置されていました。

三角点が置かれているのは吾妻耶山の西峰です。仏岩峠方面から登ってきたところの分岐点からすぐ西方のコブに三等三角点があります。山道が南に向きを変える地点から右手寄りの小高い場所には立ち寄る人もいないようで、立木と雑草の中に三角点標石がぽつんと置かれていました。

そのまま南に向かうとヒノキ林帯に入りジグザグ道を下ったあとはブナなどが多い美しい雑木林が続きます。緩やかな稜線の道を下って行くと、キレット状の赤谷越峠に着きます。この峠も十字路で西に赤谷方面、東にスキー場、南の稜線上には大峰山への縦走路が延びています。当初の予定ではこの赤谷越峠から赤谷方面に下り、途中から中腹道をたどって仏岩峠のコースに戻るつもりだったのですが、中腹道が見つからず、赤谷越峠に戻り、東方のスキー場に出てから、正面の吾妻耶山へと戻ったのでした。すでに廃道になってしまったようです。

（二〇二〇年六月）

真田領を示す六文銭

台座に相俣村と記されている

月夜野ほか３村が記されている

羽場村ほか３村が記されている

仏 岩

谷川岳の前衛峰を歩く

高倉山（一四四八・九メートル）・湯蔵山（一三三四メートル）・今倉山（一〇三六・五メートル）

ホワイトバレーは谷川温泉にあるスキー場で、ここから天神平を経て谷川岳に登る登山コースがあります。天神平までは保戸野沢沿いの山道を行きますが、今回は谷川岳登山ではなく天神平から南方稜線上にある高倉山《たかくらやま》や湯蔵山《ゆくらやま》をたどってホワイトバレーに戻る計画です。国道の「谷川温泉入口」の信号から分かれた県道二五二号を行くと二・五キロでホワイトバレーの駐車場に着きます。

保戸野沢の道は、リフトの駅舎の脇からゲレンデ下部を通り道標に導かれて山道に入ります。驚いたことにアルミはしごで一旦沢へ降ります。このコースでは飛び石で沢を渡り返すところが数カ所あるため集中豪雨などで増水している時は利用できません。

沢筋の奥まで進むと送電鉄塔に向かう巡視路が左手に出てきます。登山道よりはっきりした道なのでしばらく進みましたが間違いに気付き引き返しました。本来の山道に戻って登れば、沢筋を離れて山手の道になります。歩くのは少し楽になりましたが、この時期はヤマビルがたくさんいて防戦する

高倉山の三角点標石

高倉山（中央）と湯蔵山（右）

に一苦労です。既に靴の中と軍手の一部から吸血された血が出ていました。山道はこの後、送電鉄塔のところを通ります。その位置には別の巡視路が登ってきていたので、先ほど引き返した下の巡視路はこの山道にも接続していたようです。さらに上って行くと今度は「崩壊により道が通れないので、巻いてゆけ」と指示表示が出ていました。見れば確かに沢筋が大崩壊していて道がありません。

ここで私は大失敗をしてしまいました。迂回しようとした場所にある枯れ沢が登路だと勘違いしてしまったのです。本来の道は崩壊地の対岸にあったピンクテープが登山道の位置でした。枯れ沢の急な岩場いくつも越えたところでどうやら間違いだと気が付いたのですが戻るにも岩場の下降が危険です。そのうち登山道に飛び出すだろうと思っていたのですが、GPSで確認すると、登山道とはどんどん離れているではありませんか。この先に大きな岩場でも現れれば登高はもうアウトです。遭難という言葉が頭をよぎります。

それでもこのまま進んで行けば天神平と高倉山の稜線の中間に出ることは分かったので、このまま登ることに決めました。大きな岩場では迂回し、ザレ場の急斜面をよじ登り、根曲り灌木帯のやぶを分けて進み、高山帯と思われる所まで登ってくると、登山道から投げ捨てたらしき空き缶やビンなどが目に入り、これでやっと稜線に出られるとホッとしました。迷った分予定時間より一時間もオーバーして高倉山に登りつきました。

しかし、一息つく暇もなく、ヒルにやられた場所の手当てです。手足の傷を数えればなんと十一カ所もありました。

高倉山からの下りは岩場混じりの急坂道でビニール被覆の長大なワイヤーロープが四カ所も取りつけてありました。この道はどうやら送電線巡視路のようで湯蔵山との中間鞍部には送電鉄塔が立っています。この巡視路は鉄塔から五分位進んだ所で左手に下ってしまいます。湯蔵山へは正面にあるササやぶ混じりの緩い尾根筋を登ります。地図上一三三四メートルの図根点などまったく分からずこころ細いばかりの踏み跡を探りながら木枝を分け十分ほど進むと南峰に着きました。初めて赤いテープ表示があり、なおもうるさい木枝を分けながら尾根を南下します。時々踏み跡もありました。一度だけ周囲の展望が利く隆起部があって、時々踏み跡もありました。意外なほどの痩せ尾根がしばらく続いたあと、尾根筋が広がり美しいブナ林が現れると、その先には高床式の古く壊れかけた小屋が建っていました。なぜこんな所にと訝《いぶか》るかもしれませんが、ここは昔、湯桧曽温泉から登って来る登山道があった場所なのです。ブナの純林が美しい場所で、高床式はこのあたりの積雪状態を考慮したものでおそらく避難小屋として使用されていたのでしょう。

高倉山（湯蔵山の鞍部より）

湯蔵山のブナ林

ここから右手の尾根筋へ、コース中最後の今倉山《いまくらやま》に向かいます。緩い稜線の鞍部からスキー場にかけてはブナ林も美しく、小屋のあった場所も含めて、「湯蔵平」とでも名付けたいくらい気持ちの和む場所です。

今倉山はまるでゲレンデ上部にある林といった感じで、もちろん登山道はありません。スキー場のリフト上部に出たら南側に進み、ブナの木がある手前の踏み跡を登って行くと三等三角点の今倉山に着きます。スカイさんの山頂プレートが掛かっており、その奥に三角点標石がササに埋もれてなぜか二つありました。

後はスキー場のゲレンデを下るだけですが、今日の行程を振り返ると、道を間違えてしまい下手をすれば遭難という事態にもなりかねないところを何とか乗り越えて巡回することができました。保戸野沢の登山道は夏場ではヤマビルに悩まされ、整備もされなければ、今後は難路の一つになるでしょう。

高倉山から今倉山までは下り一方のコースなので正解でしたが、逆回りでは登りのやぶ漕ぎとなり大変です。ずっと以前（二十年以上も前）には稜線を逆回りで歩いたことがありましたが、そのころはまだ道もしっかりしていてやぶ漕ぎの場所などは一つもなかったと記憶しています。月日の変遷を感じる山行でした。

（二〇二一年八月）

今倉山の三角点標石

高倉山と湯蔵山遠望（月夜野より）

Ⅳ

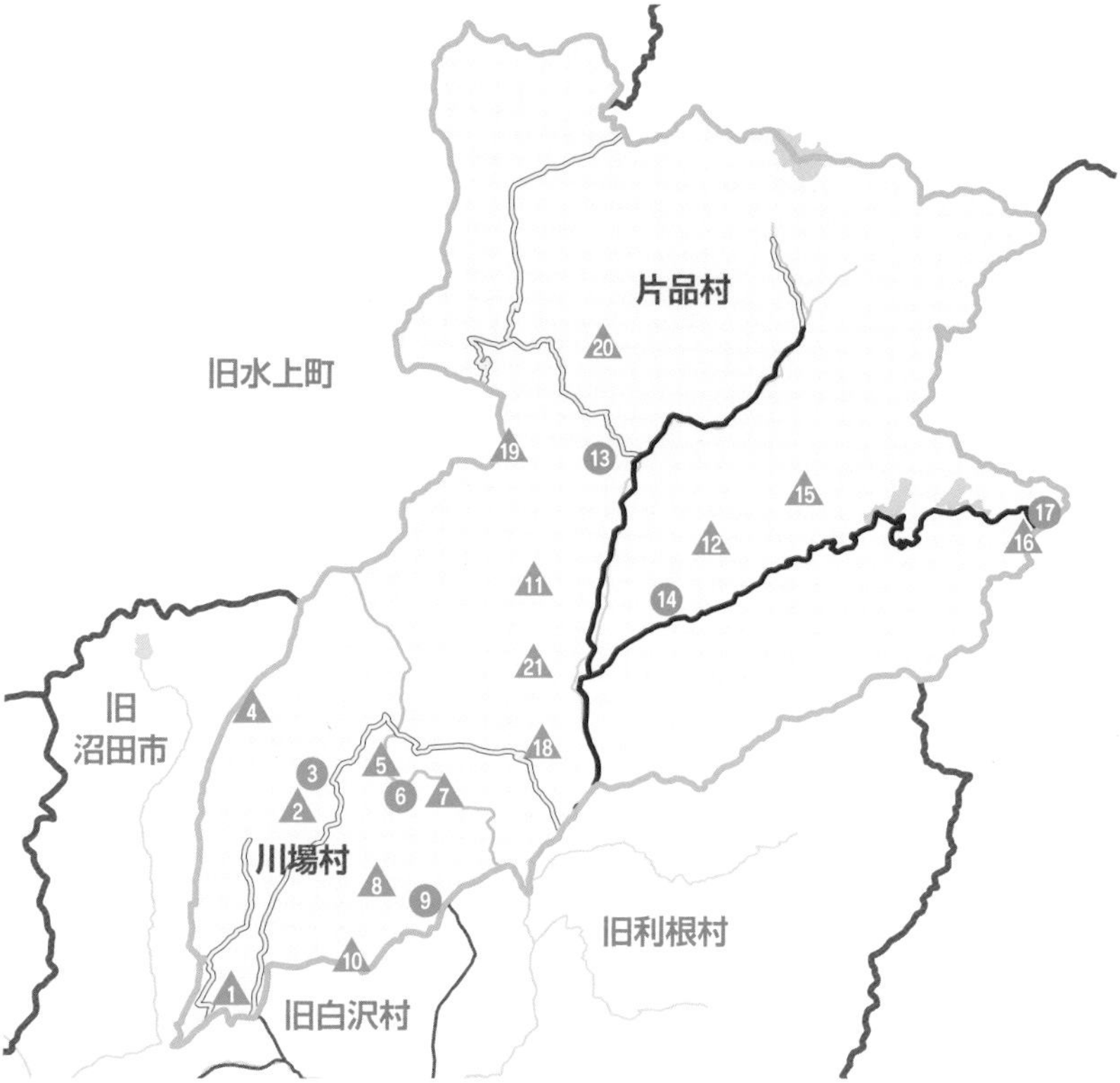

①後山（川場村）	⑧浅松山	⑮唐沢山
②鉱石山	⑨田代山	⑯金精山
③朝倉山	⑩雨乞山	⑰金精峠
④高手山	⑪高無山	⑱宇重田峠
⑤高岩	⑫赤沢山	⑲西山
⑥千貫峠	⑬堂平山	⑳大行山
⑦赤倉山	⑭後山（片品村）	㉑朝日山

後山古道を歩く

虚空蔵山と後山古道

後山は、川場村の立岩から生品にかけて広がる丘陵地帯にあります。周囲の集落から見れば背戸に当たる裏山といったところでしょう。後山には昔から村人の暮らしと深く関わってきた生活道が山中にたくさんあって、そうした山道を整備し復活させたハイキングコースが後山古道《うしろやまこどう》です。

後山の西端にある虚空蔵山《こくぞうやま》には虚空蔵堂が祭られ、古い石段や石仏もあって、立岩地区の人々の信仰の中心のようです。

また虚空蔵山の北側にある「田園プラザ」は関東の人気投票でいつも上位になる道の駅です。休日ともなれば家族連れなどで大変にぎわいます。虚空蔵尊からこの田園プラザをつなぐ遊歩道もあります。

虚空蔵遊歩道と田園プラザコース

沼田市から県道六九号（横塚花咲線）を川場村に向かい、市村境界から九百メートルのところに虚空蔵尊の表示があります。十字路を左折し、西方に三百メートルほど行ったところに広い駐車場があります。山側に見える建物は清岸院というお寺で、入り口に虚空蔵尊（虚空蔵山）の道標が出ています。寺院入り口を過ぎると道が二手に分かれ、左が虚空蔵堂への道です。ちなみに右手の道は田園プラザに続いています。虚空蔵尊の入り口には清水が流れ込む石の水鉢と説明案内板が立っています。

ここから四百五十六段の石段を登ります。十二年間かけて寛政九年に完成したといわれる石段は、見上げるほどの急坂です。両側に十三仏の石像が置かれ、下段に不動明王、上段に大日如来、頂上最後の十三仏目が虚空蔵菩薩です。立派な社殿は永禄三年（一五六〇年）に建立されたものです。

虚空蔵尊の石段脇にある石仏

後　山

社殿の左手奥にはひときわ高い岩峰がそびえており、立岩の地名の起こりとなったその岩上に登ると石祠が東西に置かれています。展望は良くはありませんが、植林に覆われた後山が望めます。お堂の裏手にはＴＶ電波施設とあずまや式の展望台があります。

虚空蔵展望台からは川場村の全景が見渡せ、上州武尊山が村の守り神のごとくそびえて見えます。展望台脇から下る遊歩道は木製丸太の急坂で、明るい雑木帯から薄暗いスギ林を通り抜ければあっけなく県道に飛び出します。ここは田園プラザの西端で、七番目の駐車場があるところです。

駐車場の広場から歩道をたどり田園プラザの展望台に登ります。ここから田園プラザコースが始まり、展望台からは虚空蔵山の東側山腹を行きます。最終的に道は二分し、右手に登る道は虚空蔵堂に向かうとき歩いた石段へ、もう一方の下る道は清岸院に向かっています。

後山（六二二・七メートル）

虚空蔵堂の前から西方に向かうとすぐ下には虚空蔵背峰線の道が上ってきていて駐車場ができています。駐車場広場には後山古道の案内説明板があり、これによると名前のある主要コースだけで小鳥沢コース、天神山コース、御堂コース、山頂稜線コースなど六コースもあります。

おすすめコースとしては天神山コースと山頂稜線コースでしょう。山中には整備されていない道や廃道なども数多くあるので注意して登りましょう。

A　小鳥沢コース

虚空蔵下の駐車場から車道を一五〇メートルほど下ると右手にコース入り口を示す道標が立っています。山腹をトラバース気味に進むと天神山コースにつながる分岐路があります。ここは小鳥沢コース入り口の道標から数えて三番目の道

虚空蔵堂

虚空蔵堂への石段

標が立っている場所です。ただし天神山コースの案内表示はありません。

ここから沢コースに入り、沢沿いなので倒木や岩石が散らばっていたりして道はあまり良くありません。小鳥沢を右手に見てスギ林を抜けると人家が並ぶ道になります。地図上の集落名は鳥取沢であり地名が訛って小鳥沢になったのだろうと思います。

B　天神山コース

虚空蔵堂下の駐車場から幅広い尾根道を登って行くと左手に天神山コース・御堂コースがあります。このコースに入って五分も下らぬうちに分岐路が出てきます。変則の十字路で右手が御堂コース、左手の道は先に述べた小鳥沢コースの途中につながっています。

天神山コースは尾根道を行くので急坂も一部ありますがおおむね歩きやすい道です。

明るい雑木林から大きなモミの木が有る平坦地を過ぎると延命院のお寺がある人家の所に出ます。天神山というコース名はおそらく延命院の歴代住職墓地がある丘陵を指しているのではないかと考えています。

C　御堂コース

このコースは、途中まで天神山コースと同じ道を行き、分岐点から西方の沢筋に入ります。雑木とスギとが半々で大きなモミの木も所々にあります。沢が出てくる辺りになると湿地や倒木などが出てきてスギ林に入ると急に道が分かり難くなります。道の整備は行われていないようで、平凡なコースでもあるのであまりおすすめできません。

広々とした畑に出たら山手の縁に続く道に進みます。たどって行くと生品の武尊神社が見えてきます。武尊神社は神楽殿を持つ古くて立派な神社で一見の価値はあります。

神社境内にはいわれ書きのある石宮や堂宇などがあるの

虚空蔵山の展望台

右が虚空蔵山、左が後山

で、きっとこれがコース名になった御堂なのでしょう。

D　山頂稜線コース

天神山コース・御堂コースの道標を過ぎると林道は一旦下り、鞍部を過ぎて再び上りとなります。上り切ったカーブ地点の台地が後山の三等三角点位置の山頂です。山頂プレートも無くここが後山の頂上とは誰も気が付かないでしょう。

昔は林道もなかったのでスギ林の斜面を急登して上るより方法がなく頂上の雰囲気が多少ありましたが、今では林道の脇といった感じです。山頂稜線コースの道標には「山頂稜線出入口一〇一三メートル」とあるだけなのでなおさらです。

後山を後にして尾根幅の広い道を行くと大きなモミの木が立つ隆起した場所があります。ここで道は二手に分かれ、山頂稜線コースは左手の道を行きます。

おおむね稜線をたどりながら下ると後山の西端に着きます。ここは県道が川場スキー場方面と川場村役場、田園プラザ方面とに分かれる地点で、北回りで田園プラザに戻るか、南周りで虚空蔵尊に戻るか、どちらにしても三十分ほどかかります。

※案内図に出ていない他のコース

その他のコースとしては「宮山コース」と「休み石コース」があります。

山頂稜線コースモミの木がある分岐点

虚空蔵堂下の駐車場広場から北に下っている道が宮山コースです。

宮山コースは道標のあるところから北に入ってすぐ二手に分かれたあと、その先でまた一緒になります。比較的雑木林が美しいコースで田園プラザの西方の道路に通じています。コース名の宮山は通りにある宮山温泉を指しています。

休み石コースは山頂稜線コース上、モミの木のあった分岐点からの右手へ下っていた道です。宮山温泉の湯本で「民宿休み石温泉」の建物前に通じています。幅広い林道状の道ですが整備はされておらず灌木類が茂りはじめています。

民宿側から登った方が分かりやすいかもしれません。ただし民宿側からの入り口に道標は無く、田園プラザ方面と表示してあるだけです。

（二〇二一年一月ほか通年で歩く）

ヒガンザクラ

昔、鉱石の採れた山

鉱石山と朝倉山（一二八九・二メートル）

鉱石山《こうせきやま》は武尊山麓の南面に隆起した山塊です。鉱石山の名前は、紙ヤスリなどに用いる非常に硬くて良質な鉱物が山中で採れたことに由来します。

鉱石山の北にある二等三角点の山を朝倉山《あさくらやま》と呼ぶのですが、点名は「谷山」で、登山コースで使っている林業専用道の名称も谷山というので、地元ではこの山塊を谷山と呼んでいるのかもしれません。

鉱石山はすでに群馬百名山に選定され山名が定着している山であるため、朝倉山（谷山）の南側一帯の鉱石採掘が行われていた山域を鉱石山と呼ぶのが適当でしょう。鉱山が採掘されていたのは大正時代から昭和初期にかけてのことなので、鉱石山への道は古くから存在していたと考えてよいでしょう。

近年川場村と世田谷区との交流が盛んに行われるようになると、区との提携による宿泊施設（ふじやまビレジ）が建設され、ここを訪れる人のために、ハイキングコースとして鉱石山登山道が整備されました。ふじやまビレジの約一キロ先に「ふじやまの湯」があり、その少し先に東方へ入る林道があります。樹恵里というレストラン（現在はスキーレンタル店）の前から林道に入ります。以前は入り口に案内板が立っていたのですが見当たらなくなってしまいました。

その当時のコース案内板によれば、林道の奥から鉱山跡を通り、尾根上を休憩所や展望台などを経て、起点より約一キロほど北へ、川場牧場に通じる道路に出るまでの全行程は九・四キロ、所要時間三時間三十分の周回コースでした。

さて、林道に入るとすぐ右手に、別荘らしき建物があり、舗装は途切れて真っすぐな林道が奥へと続いています。

小川が流れる林道を約一キロほど歩くと、その終点に簡易トイレが四基設置されていました。ここで初めて鉱石山登山道入り口の道標がありました。

そこから先は広大なスギの植林帯で、シカの食害から幼木を守るためスギ幼木に網の袋や四角な筒が掛けられている中を進みます。

林道は谷山林業専用道とあります。山道は次第に細い山道

武尊山を隠す鉱石山と朝倉山

に変わり、山腹を巻くように右手にカーブすると高度もだいぶ稼いだ感じです。あとわずかで頂稜部へ出ると思いきや、山道は右手方向へ進み、不自然さを感じながらたどって行くと、なんとトロッコ軌道のレールが残されていました。ここで初めて、鉱石山の名残というべき遺物に出合ったわけです。近くに岩塊があり欠けた部分を見ると、白い石英の結晶が粒状にほぐれています。これが紙ヤスリの材料になるということなのでしょう。

レール跡を過ぎ稜線上に出るとすぐ先に最初の休憩所があります。見晴らしなどはありませんが、春先には、ハシリドコロ、エンレイソウ、マイズルソウなどの草花がたくさん芽を出す平坦地です。

山道はここで少し下りぎみに北へ向かうのですが、草深い稜線上の踏み跡をたどって行くと、まるで崩壊地のような深いくぼ地が目の前に現れます。おそらくこれが鉱山の採掘現場だったのでしょう。

道は小さな起伏をひとつ越えて、さらに奥へ向かうとハイキングコース中の最高地点に到達します。標識では一一〇五メートルとされる鉱石山の山頂とされる地点です。簡易トイレのほか、コース案内板、山名方向板などがありました。

東端に行くと、上州武尊、日光白根などの眺望が良く、特に皇海山は、ピラミッドのような鋭角的な山容を見せています。

周回コースは、そのまま西方に延びる尾根道へ向かうわけですが、ここで朝倉山に登るため、北方の尾根筋へ向かうことにします。

朝倉山まではササやぶコースで標識などはありませんが、ところどころ踏み跡もあり、ササの大半はシカに食べられたらしくて葉がなく見通しが良くなっています。山頂は二等三角点の標石があること以外、木立とササに囲まれ、さしたる展望もなくひっそりとしていています、まるで奥山へ迷い込んだような感じです。

朝倉山より、さらに北方に向かえば、その一キロ先には川場牧場があります。ずっと以前、冬の朝倉山を越えて、牧場まで縦走したことがありました。夏場は緑の絨毯も、冬は無人のスキー場のように広々とした雪原となって上州武尊がよく似合う牧場風景がみられましたが、牧場までの間は踏み跡もなくシャクナゲなどが繁茂するやぶ尾根でした。やはり朝

鉱石山山頂

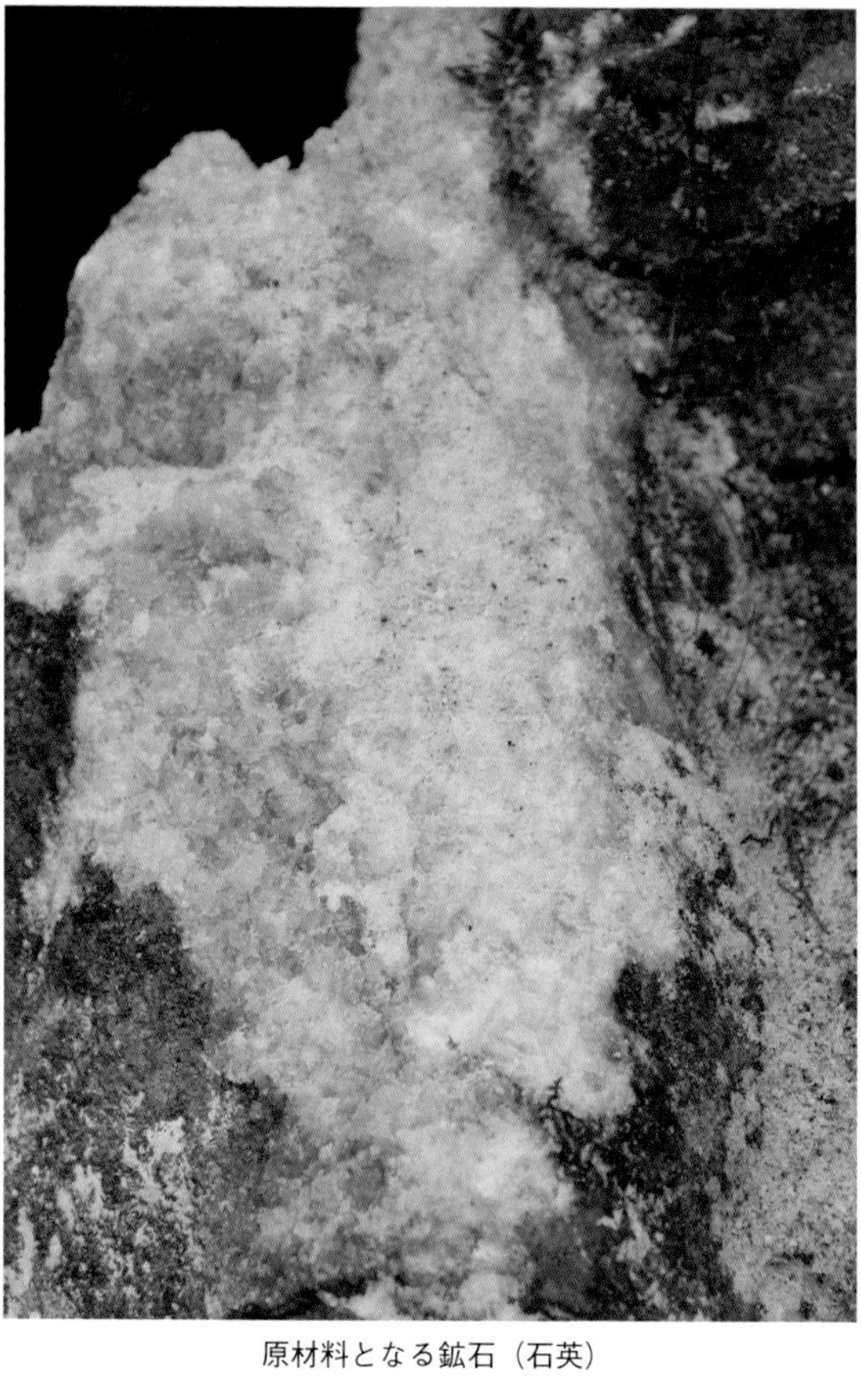
原材料となる鉱石（石英）

倉山はピストンで往復してハイキングコースへ戻るべきでしょう。

ハイキングコース中、いちばん快適だったのは、頂上から第三の休憩所までの緩やかな樹林帯の尾根道です。コナラやクリ、クヌギなどの美しい自然林が続いていて気持ちが和む場所でした。西端の肩は一一八一メートルの休憩所で、ここを下ったところの平坦地にも、簡易トイレが設置してあります。

ロープが敷設された坂道をしばらく下り、尾根筋を離れて落ち葉が詰まったカラマツ林の中を行くと幅広い林業専用道へ飛び出します。この道は新しく延長されていて、植林帯の方へも延びているようです。

専用林道から登山道側を見るとここにも簡易トイレが二基設置されていて、西側の登山口であることが分かりました。

それにしても、コース中のトイレが四カ所（合計十基）とは、すこし多すぎるように思います。都会からやってくる人たちのためとは言え、自然の風景にはそぐわないものです。登り口と降り口の二カ所くらいでも良かったのではないでしょうか。

ここからの林道歩きは、開放的にのんびりと風景などを楽しみながら下ることができるでしょう。一キロほど先で舗装路に出ます。この舗装路は、先に述べた川場牧場へ続く道路

鉱石山に残るトロッコ軌道（レール）

で、その入り口には遮断機があり谷山林業専用路の標柱も立っています。牧場に続く道を左手に、〇・五キロほど行けば県道に出ます。後はふじやまの湯で、汗を流すという楽しみが待っています。

ところで、この鉱石山は川場村内に入ると北方の風景を遮ってしまい、せっかくの名峰上州武尊山の雄姿まで隠されてしまい残念なところがあります。その代わり山麓周辺には木賊、小住、武尊、富士山、川場、桜川など数多くの温泉が湧出し、村にとって鉱石山は、計り知れないほど潤いを与えてくれています。

（二〇二〇年四月）

鉱石山から朝倉山を望む

朝倉山の山頂

上州武尊周辺の山

高手山（一三七三・九メートル）

武尊の剣ヶ峰山から南に延びた長大な尾根筋の末端近くに位置するのが高手山です。

利根郡の代表的独立峰である武尊山は周囲の川場村、片品村、水上町、沼田市の四市町村にまたがる名山で、それぞれの町村には古くから山道が開かれていたのに、なぜか沼田からの道が見当たりません。おそらくそれは、古くから山岳信仰の対象だった迦葉山という山があったからだと思います。

しかし道がまったく無かったというわけでもありません。

川場スキー場と剣ヶ峰山（キューピー山）

石祠に刻まれた池田地方の５村

高手山の石祠

池田地方の古老は「ハブナの十二様から登る道があり、高手には祠が祭られていた」といっておりました。「ハブナ」とは、端っこに生えているブナの木のことで、十二様（山の神様）が祭られていた場所という意味です。「ハブナ」「高手」は方言で高いところを指していう言葉です。「ハブナ」が一体どこにあったか、今となっては知る由もありませんが、おそらく上発知町の北部、発知川上流あたりにあったろうということは想像できます。

現在、高手山には川場村から立派な登山道ができており、剣ヶ峰山を経て武尊山頂の沖武尊まで登山道が通じています。剣ヶ峰山から高手山にかけては、本格的な山岳スキーが楽しめる川場スキー場が開かれています。

登山口は富士山のキャンプ場からで、川場村にある世田谷区民健康村・ふじやまビレジから県道を五キロほど行くと大駐車場があります。キャンプ場の入り口は遮断機があって車は入れません。入り口脇に登山届の箱も備えられています。キャンプ地までは舗装路を十五分ほど歩きます。広々とした草地の広がるキャンプ場の案内板などは古くなり、今は読むこともままなりません。

カラマツ林の中、バンガロー建物を過ぎジグザグ道を登ります。登り切った稜線上に出たところには国交省の雨量観測所が建っています。

幅広い尾根をしばらく登って行くと木製階段が出てきます。階段を登り切った場所が高手山の山頂で、顕著なピークではなく稜線上の一端といった感じです。大きな自然石の上に、元禄十一年三月の年号を刻む石祠が祭られていました。側面に刻まれている文字を読むと設置した村の名前が記されています。大変古い祠なので定かではありませんが、現在の沼田市北部池田地区に残っている四つの町名が村名として「上発知村、中発知村、発知新田、下発知村」として記されているようです。これを見ると確かに、江戸中期には沼田側からも登られていたことが分かります。

現在の登山道は昭和五十八年のあかぎ国体の折り山岳競技コースとして整備されたものですが、古老は「高手からキューピー山（剣ヶ峰山のこと）まで登ったことがある」と話していたので、細々した踏み跡程度の道は古くから存在したのでしょう。

（二〇二〇年八月）

写真ほぼ中央が高手山　その右手に立体駐車場建物とスキー場がある

いにしえの峠道をゆく

千貫峠と高岩

千貫峠《せんがんとうげ》は、川場村の木賊と片品村の花咲を結ぶ古い峠で、別名白井路峠とも呼ばれます。中世から戦国時代、すでにこの地方の主要な峠路として使われていたようです。

峠のいわれについては後述するとして、歴史あるたくさんの峠路が消えていく中、千貫峠もその例外ではなく、わずかハイキングコースとして残るその峠道も今では荒れ放題となっています。

峠の取り付き地点は、木賊集落に入ってほどなくのところです。県道の右手を見ると道路脇に峠の入り口を示す道祖神や地蔵尊などがあり、昔の面影をほんのわずか残しています。

千貫峠のすぐ北側には高岩《たかいわ》（一三二四メートル）という岩山があります。上州武尊山から南に延びる村界尾根の支稜にあたる山で、周囲十数キロの裾野を広げる武尊周辺の山並みの一部なのですが、川場村内から眺めると、いかにも険しそうな岩壁をまとった山容が印象的です。早春や晩秋のころ、この古い峠路から高岩に登ってみるのもよいでしょう。

千貫峠入り口に立つ案内板に、峠の由来が記されています。そのいわれはいくつかあり、義経が頼朝に追われ奥州に落ちのびるとき通った峠であるとの伝説があるほか、史実として一番はっきりしているのは、戦国時代の永禄十二年（一五六九）、身内の謀反によって沼田城を追われた沼田万鬼斎です。追っ手から逃れ、会津の芦名氏を頼ってこの峠を越えたとき、岩の上に生い茂る立派なマツの古木を見て「さても良きマツかな、われ世にあるときならば千貫文の領地にも替え難し」と詠んだことから、このマツを千貫松と呼び、いつしかそれが峠の名前となったといいます。

先にも述べたようにハイキングコースとして歩かれていた時期もあったのですが、峠路の大半は廃道化し、歩くとすれ

千貫峠の馬頭観音像

冬の高岩

ばかなりのルートファインディング力が必要です。

石仏の立つ入り口から、新しく護岸工事された峠沢に沿う林道を行きます。十五分ほど歩くと堰堤があり、林道はここで終わり、対岸に渡ると林道の痕跡のような道が続いています。スギ林を抜けたところで、再び小沢へ出ますが、この辺りまで来ると踏み跡も心細くなってきます。これより先は沢沿いを忠実にたどることになります。

岩石のごろごろした枯れ沢に沿って三百メートルほど進むと、倒木や岩石が集まった河原状の場所で沢筋が二股に分かれます。ここは水流のある左手の沢へと進みます。沢沿いの奥にヒノキ林が見え、右岸のササやぶの中の踏み跡を進むと、谷間が急に狭ばまって、両側斜面に岩壁や大岩が見えます。二、三百メートルで谷間が左右に分かれ、今度は、大きな倒木のある右手の沢に入ります。

岩石のゴロゴロ押し出したくぼ地に、途切れ途切れながらも道形が現れます。少し登ったところの左手岩壁には屹立した千貫岩が見えました。明治二十一年十一月に行われた川場村の調査記録によれば、岩の高さは三丈五尺（一〇・六メートル）あまり、その岩上に茂るマツの大木は、太さ七尺（二・一メートル）、高さ四丈二尺（十二・七メートル）であったといいます。後日村人に聞いたところ、名前のいわれとなっていたマツの古木はすでに枯れてなくなってしまったそうです。

峠路は、急な沢の上部へ向かっています。十年ほど前わずかに残っていた道形はまったく分からなくなってしまいました。おそらく集中豪雨などによって大規模な地滑り崩壊があったのかもしれません。

峠沢を稜線の一歩手前まで登って来ましたが、ますます険しくなる一方で、道形も残っていないとあっては危険すぎてこれ以上進めません。やむを得ず諦めて下りかけたとき、一つ手前の枯れ沢が登れそうに見え取り付いてみました。

それは千貫峠の南峰に続く尾根に向かっている沢筋でした。本来のコースからすると大分遠回りになりますが、この南峰から延びている尾根を使えば登れそうです。しかし、このコースも転げ落ちそうな急坂を直登しなければなりませんでした。南峰の枝尾根までたどり着くと空き缶がありました。自分と同じコースを選んだ人がいた証しを発見してうれしくなりました。

南峰から峠の尾根筋に向かいます。たどり着いた峠には、馬頭観音像がひっそりと置かれていました。まるで幼子のようでたいへんかわいらしい顔立ちをした観音様です。刻まれた年号を読むと、文政七年（一八二四）十二月吉日とありました。少し奥にも傾きかけた十二山神の石祠が置かれています。周りの雑草を払い、持ってきた粗塩と白米を供えて手を合わせました。

峠沢に下る道は上部にかろうじて道形が残っていて、五分ほど下ったカーブ地点までやってくると普寛行者石像の無事を確かめることができました。

高岩へは千貫峠より北側に続く尾根をたどります。わずかな踏み跡のみですが、やぶもなく歩きやすく、アカマツや、ブナ、ミズナラなどの明るい感じの雑木帯が続いています。ひとしきり急斜面を登ってから尾根を左方向にたどると、高岩の頂上に出ます。

意外なほどあっさりとした台地で、三等三角点標石がある

わずかに残る峠道（千貫峠付近）

だけの頂上です。北方だけ樹林が切り開らかれていて、上州武尊山が大きく望めました。高岩の西面を成す大岩壁など、頂上からはまったくうかがい知ることができません。高岩に何回か訪れたとき、その岩壁に営巣しているオオタカらしき猛禽類の姿を見ることができました。

この千貫峠は今まで何度か訪れていますが、悠然と大空を舞うオオタカと、石仏の姿と峠路の風景が思い出されます。

（二〇二〇年四月）

高岩山頂の三角点

峠の入り口にある石仏

赤倉山と千貫峠

赤倉峠から千貫峠へ縦走

ずっと以前、川場の木賊集落から千貫峠《せんがんとうげ》を訪ねたとき、片品村の花咲側にはっきりとした道形が下っていたので、いつか花咲側から峠道を使うコースを計画しようと思っていました。

千貫峠は赤倉山《あかくらさん》方面からも稜線がつながっており、以前は川場の赤倉林道をたどり、赤倉峠から千貫峠まで縦走したあと川場村の木賊へ下りました。

今回は花咲側の山崎林道をたどり、赤倉峠から千貫峠まで縦走した後、峠から再び花咲側に下るコースを選びました。

花咲集落から赤倉峠に向かう山崎林道の入り口は国道一二〇号平川信号の分岐から約五キロ、川場の背嶺トンネル出口からは約四キロの位置にあります。入り口には「沼田24キロ、川場15キロ」の看板が出ています。この入り口から県道を三百メートルほど川場寄りに行くと花咲南小学校の跡地（現在は運動グラウンド）があります。トイレや駐車場もあるのでマイカー利用の場合はここに駐車することができます。

林道に入り網沢橋を渡ると、その奥には体験の森のキャンプ場があります。舗装路が終わった所に害獣被害防止の柵があり、自分で鍵を開けて中に入ります。元に戻しておくのを忘れずに。

林道は山崎線と表示されていました。一方赤倉峠を挟んで川場の赤倉林道側は環境保護のため通行止めになっています。

林道を一時間二十分ほど歩くと赤倉峠に着きます。峠の先は擁壁が崩壊しており、少し手前に稜線に登る踏み跡があり

峠下に置かれている普寛行者像

ました。赤倉山への分岐点までは、赤ペイントの印が続き、明瞭な踏み跡もあって分岐点のコブまで容易に歩くことができました。クヌギなどの樹林が美しい尾根筋を南に向かえば、山頂は緩やかなコブを二つ越えた先です。三等三角点を置く山頂はカラマツ林に囲まれたまったく平凡な頂でした。

赤倉山の分岐点まで戻って縦走開始です。分岐点の稜線上から鞍部へ下り、コブに至ったら左手に向かい、次のコブを右手にほぼ直角に折れて下ります。ここは尾根筋がまっすぐに延びているので一番迷いやすく、ルートファインディングが難しい場所です。

稜線にはいると中間峰までは山道といっても良いくらいの分かりやすい踏み跡が続いています。中間峰の二つのコブを越えると尾根が痩せ岩石も多くなります。カモシカはこうした岩場が好きで早速出合いました。

この先アップダウンの多いコブが続くのですが、北側に巻き道があります。多分獣道なのでしょうが、人間が利用しな

千貫峠の石祠

赤倉山頂と三角点

い手はありません。巻き道が終わると尾根幅が広がり前方の隆起部に向かって行くと、手前で千貫峠からの尾根筋につながりました。千貫峠の南峰は先週通ったばかりで、見覚えある風景にホッとしました。

分岐点から峠に向かって下り、峠近くなると赤ペイントの印が間断無く出てきます。初めに出合うのは十二様を祭った石祠です。そこから二十メートルほど離れた場所に文政七年の馬頭観音がありました。峠沢にある普寛行者の石仏も確認してから、花咲側の峠道を下ります。

前回、といっても十年も前の話ですが、川場村と姉妹提携している世田谷区のボランティアが、この峠道を時々整備していると聞き、行ってみることにしました。カラマツ林の峠路を下って行くと、二十分ほどで林道端へ飛び出すことができ、長らく見つけることのできなかった花咲側の峠道取り付き地点を確かめることができました。

ところが今回はどうでしょう。道形はあるものの倒木が激しく、通れば痛いイバラのやぶ道です。広大な伐採と植林が行われたらしく、周辺には分岐道がやたらとあって、とてもコース説明などできない状況です。それでも沢筋に下って行くと何とか林道に飛び出しました。水害で深く水流の溝がえぐれた道です。この林道というのは結論から言うと、背嶺トンネルの出口から一・一キロ下った地点から分岐している林道で、入り口は、カーブミラーとカーブ№24の表示がある場所です。

県道から林道に入ってすぐの所、刈り払われたササやぶの中に千貫峠の地蔵様があり、少し離れた岩場の下に石祠がありました。峠をしのばせるものを見つけたときは、本当に嬉しくて感動します。

川場の木賊側から峠沢をさかのぼる峠路コースは廃道化し完全に消滅してしまいました。花咲側の道も廃道と化すことは必定のようです。またいつの日か、これらの史跡をしのびながら峠路を歩くことができるでしょうか。

（二〇一〇年四月）

花咲側に置かれている地蔵様

茫洋とした山並みの一峰

浅松山と田代山

上州武尊山の南面を占める川場村には田代山《たしろやま》、浅松山《あさまつやま》、雨乞山などなだらかに隆起した山並みが連なっています。この山域の最高点は田代山の一三五一メートルで、その南西に坪ノ田と呼ばれた広大な丘陵地があります。ひと昔前までは、地元の人にとって大切な草刈り場であり、山菜の宝庫でした。今では広大なゴルフ場に変わってしまい、時代の変遷を感じます。

川場村の中野地区には世田谷区と提携してできたなかのビレジ（世田谷区民健康村）の宿泊施設があります。以前はこのなかのビレジから浅松山のハイキングコースがあったのですが、最近は登山案内板も撤去され、登山道の整備もまったく行われず廃道化が進んでいます。浅松山があまり人気がないのは、山そのものが顕著なピークではないこと、山頂に三角点が設置されていないことなどによるものでしょう。加えて、登山コースの大半が林道歩きで面白みに欠けることが原因であると思います。

地形図上に記載される浅松山や田代山周辺の破線路（山道）は、現在ではほとんど認めることができず、その代わり山中には新しい林道が錯綜して大変分かりにくくなっています。名前も無い林道を歩いたり、道のないやぶ漕ぎをしていると、方向感覚すらおぼつかなくなることがあり、以前のようにハイキング気分で気軽に歩くことができない状況になりつつあります。

浅松山へは中野ビレッジの裏手にある案内板に表示されている、ガニ沢沿いの林道中野入線を行くことにしました。

二十年ほど前は石がゴロゴロしたできたての林道でしたが、舗装こそされていませんが車の通行もまったく問題ない立派な道です。展望の良かった伐採跡は植林スギが大きく生長して展望がまったくなくなってしまいました。

約一時間ほど歩くと、簡易トイレの設置された場所があります。その上段の道をしばらく進むと見覚えのある小さな沢があり、ここが浅松山へ直接向かう近道です。道標では緊急避難路と記されていた山道ですが、道標はやぶの中に倒れていました。沢沿いには倒木も多く、踏み込むのを躊躇してしまうほどです。

ハイキングコースなどという面影はもはやありません。引き返すわけにもいかず、意を決してこの沢を行くことにしました。

稜線上の緩いコブが浅松山

沢筋なので岩石が押し出され荒れ放題です。かろうじて林野庁の境界見出し標があります。大分登ったところで何と新しい林道が横切っていました。この林道、どこからやってきて、どこへ続くのかさっぱり分かりません。

林道を横切りどんどん登って行くと、見覚えのある小尾根にたどり着きました。この尾根を上り詰めたところが浅松山西方の平坦地です。またもやあったはずの道標が見当たらず、ササが茂って道も確認できません。おそらく二十年間以上、登山道は一度も整備されなかったのでしょう。仕方なく北側を走っているはずの林道太郎線に出ることにしました。

おおよその見当をつけ浅松の手前までやってくると手作り道標が出てきてきました。林道から登山道につながる場所です。これで浅松山に向かうことができますが、道形が残っているというだけでササが激しく茂っていました。

頂上はカラマツ林と雑木林が半々で、山頂標柱もなくなり、私の手製プレートがあるだけです。懐かしくもありますが寂しさを感じる山頂です。

山頂から東方へ下る登山道も同じくササやぶ状態です。林道に出たところで今度は田代山に向かうことにしました。

田代山の取り付き地点は、林道を二キロほど東にたどり、田代山頂から北に延びてきた尾根筋の所から登るのが最良です。しかし、今まで道があまりに荒れてしまっていたことや、背丈を超えるようなササのやぶ漕ぎが待っていることを思うとなかなか踏み込めません。

　本来、田代の意味は平坦な山上に田んぼのような湿地が広がった山、あるいは湿原そのものを指します。尾瀬の周辺にはこのような名称を持つ湿地帯がたくさんありますが、この山も昔はそうした湿地が存在したのかもしれません。田代山はその山名に反して大変なやぶ山なのです。マニアックな人でない限り登る登山者などはいないでしょう。田代山は今まで二回ほど訪れていて、あるはずの三角点標石は見当たらないのですが、山頂プレートはあります。この日は、積雪もかなりあったので登らずに引き返すことにしました。

田代山の稜線

なかのビレジの宿泊施設

浅松山まで戻って来ると、林道脇にあずまやが立っている場所があります。昔は武尊山や尾瀬の山々の展望が大変良い場所でしたが今では利用されることもなく、朽ち果てようとしています。

　雪上にはスノーモービルの跡があって、歩くのに都合良く固められていたのでこのまま林道を下ることにしました。長い林道歩きは、時々見えてくる上州武尊山や赤倉の山々などに癒やされ唯一の楽しみです。この林道は太郎地区を起点に上ってきています。

　途中から林道と分かれ、一一一三メートル三角点のある川場山を通ってなかのビレジに戻らなければなりません。道標が無くなっていたため、ここで大失態してしまいました。

　このコースでは川場山から南に向かう尾根筋に入らなければならないところだったのですが、川場山から西方の尾根筋をたどって湯原に続く道形に入ってしまったのです。

　太郎の人家が右下に見えてきた時は大分下った後で、このまま降りてしまうとかなり遠回りしてなかのビレジに戻らなければなりません。やむを得ず、途中から道の無い尾根を降り、沢を一つ越え、もう一度尾根を越えてようやく中野ビレッジのコースに出ることができました。ＧＰＳが無ければ、完全に道に迷うことになりそうなケースでした。

浅松山山頂

現在のところ浅松山の登山コースとしては、なかのビレジの裏手から続く林道をそのまま登ってヒロイド原に向かい、ヒロイド原の道標の所から展望広場と表示されている道を簡易トイレがあるところまで行きます。その先の展望台から川場山に向かい、川場山から林道太郎線に出て浅松山に向かうのが良いでしょう。道標類が無くなってしまったため、林道の中野入線から登る近道（緊急避難路）は、もはや使うことはできません。

道に迷うのを防ぐためには、川場山から太郎林道に出て浅松山をピストン（往復登山）して戻るのが最もよい方法です。

（二〇二〇年一月）

雨乞い信仰を伝える山
雨乞山（一〇六八メートル）

川場村と旧白沢村（現在・沼田市白沢町）の境界にある雨乞《あまごい》山は、古くは雨乞い信仰のために登拝されてきた山です。このあたり一帯はゴルフ場のある坪ノ田と呼ばれる緩やかな起伏の山地が広がっていて、雨乞山を沼田市街地から望むと、それら山塊の前山として重なってしまい、独立した山としての形は分からなくなっています。しかし、川場村に入ると、はじめてその突出した釣り鐘状の山容が望めます。私が登山を始めた頃は、踏み跡程度しかなかったこの山も、今では川場村や白沢町から登山道が整備されて訪れる登山者も多くなりました。

始めに川場村の小田川登山口コースから紹介します。

上越線沼田駅から川場村循環バス（生品回り又は立岩回り）に乗り、中野バス停で降りると「世田谷区民健康村・なかのビレジ」の看板があります。中野地区には世田谷区民のための宿泊施設の他、てんぐ山公園、友好の森、リンゴ園などの交流施設があります。

中野集落に入り、道端の道祖神など見学しながら一キロほど行くと、右手に小田川集落への分岐路があります。分岐からさらに五百メートルほど進むと、人家が途切れた先の右手に「雨乞山登山道入口」の標柱が立っています。表示板には山頂まで二・五キロとあります。

はじめは薄暗いスギ林の中の林道歩きです。左手にワサビ畑があり、右手に流れる小沢はわずかの水流ですが大変清冽な感じを受けます。砂防堰堤の続く道を二十分ほど歩きスギ林を抜けると、明るい雑木林が広がり、目の前が急に開けた感じがします。

林道はかなり荒れてきて、道は正面の斜面へと登って行きます。鞍部に出ると雨乞山への表示板があり、ここから尾根筋を左手へたどります。正面に岩石を盛り固めたような小山があり、道は右手を巻いていて、その先で左右に分かれます。

中野にある酒器持ち道祖神

雨乞山

左手の草深い道には「二つ岩」とあるので寄り道することにしました。

先端まで行くと川場の田園風景が眼下に広がっています。岩が多いのは分かりますが、なぜ二つ岩なのかは分かりませんでした。標柱のある場所に戻って雨乞山に向かいます。

少し登れば稜線の行く手に雨乞山が高くそびえているのが見えてきます。山頂へ〇・五キロの表示板がある所で右手に「古語父口」への山道を分けますが、こちらの道を歩く人は地元民以外、誰もいないでしょう。

山腹はなかなかの急斜面で、落ち葉を踏みしめながらジグザグと登ります。やがて傾斜が緩くなると、山頂台地の北端に出て、そのまま進むと大きな石祠と、あずまやや山名案内板が設置された山頂に着きます。

山頂には二等三角点標石が置かれ、一段高い台地に文化五年（一八一八）四月と刻まれた大きな雨乞宮の石祠が鎮座しています。

以前は木立に囲まれ展望もなく、ひっそりとした山頂でしたが、近年の整備により、樹木が大幅に切り開かれ、河岸段丘の様子と沼田台地の広がりに驚きます。赤城山、谷川連峰、武尊山の展望が特によく、天候がよければアルプスや富士山も眺むことができます。

昔は農民にとって雨は天からの恵みで、農作物の出来が天候に左右されることは、今も昔も変わりありません。特に雨を頼りにする台地では昔から干害のため激しい水争いなども起きました。日照りが続いたときは、天上に最も近い高所で、雨乞いの祈祷が行われるようになり、いつしかこの山を「雨乞山」と呼ぶようになったといいます。眼下の田園風景を眺めていると、そんな遠い昔の雨乞い信仰を彷彿とさせます。

東方は樹林のため眺望は開けていません。一段高い山並みに、ゴルフ場が見えています。

山頂から高平登山口方面へ下り、三百メートルほど行くと簡易トイレのある鞍部で林道終点口コースが分かれます。林道終点というのは小田川林道の終点のことで、始めにたどってきた登山口からさらに二キロほど奥になります。

鞍部から登るとすぐに尾根上に出ます。東に向かうこの尾根も広くて、静かな樹林帯を快適に進みます。十分もしないうちに左手に下ると、下降地点には中野ビレッジ方面の標示がありました。山腹から谷底に下って行く感じで沢まで降りると道幅も広がり、下った先は林道の終点広場でした。ここには二十台分の駐車場とトイレがあり、林野庁の大きな案内板も立っています。ちなみにこちらの標柱では山頂へ一・四キロと表示されています。

後は林道を淡々と下るのみで、途中の沢を眺めると意外ときれいな流れです。林道の最上部に位置する小田川には観光リンゴを生産する農家が数軒あります。

（二〇二〇年一月）

※附記

山頂の道標には「白沢町高平口へ一・五キロ」とありますので、雨乞山山頂から白沢町の高平登山口に下るコースについて述べておきます。雑木林の緩やかな山道を少し下ると簡易トイレが設置されている場所で小田川の林道終点コースが分かれます。分岐を見送り、そのまま下ると高平登山口に着きます。

コースのほぼ中間地点に立つ道標から下は、よく整備された林道状の幅広い道を下って行きます。山頂からわずか三十分ほどで車道に出ます。入り口には車止めの柵が設置され車は進入できません。「雨乞山散策道入口」の看板が立っています。

車道は上部の「坪ノ田」にあるゴルフ場へ続くものです。車道すぐ下のカーブ地点に立つ沼田スプリングスC・Cの看板脇から分岐した細い舗装路を百メートルほど下ると、二十台分ほどの登山者専用駐車場ができています。この駐車場からだと、小田川コースの半分程度の距離です。

雨乞山頂から沼田台地（河岸段丘）を見る

雨乞山の山頂

片品川に沿う山並みの一つ

高無山（点名丸）（一三二九・八メートル）

片品村の中心鎌田から戸倉、尾瀬方面の街道を行くとき、片品川と塗川の合流点より北上して坤六峠に至る長大な山並みが見られます。そんな千メートルクラスの山並みの中に高無山《たかなしやま》はあります。麓にはミズバショウの群生地で知られる越本集落があります。

鎌田の信号から戸倉方面に向かい二キロほど行くと細久屋のバス停があります。ここから西に向かう細い舗装路に入ると、集落の上段に高原野菜の畑が広がっています。

丁字路を直進する道が田子地林道で左手にある沢を田子地沢といいます。この林道入り口は動物侵入を防ぐ鉄扉で遮断されているため、左端のV字カットの所から中に入ります。未舗装とはいえ使用頻度の高い林道のように見えます。両側はスギ並木が続いていて、枝打ちされてとてもきれいです。

林道を二キロほど歩き、大カーブの先に終点広場があります。カーブの所では林道の支線と思われる道が左手に分かれています。

高無山に向かう登路を選ぶのに、カーブ地点から始まる尾根を登るか、それとも支線の道を行くか迷いましたが、以前に登ったときは尾根を登ったので今回は支線の方を行くことにしました。

支線の道はよく使われているようで、荒れている場所もなく、十分ほどで小さな沢を渡ります。この沢は田子地沢の源頭部で水場としても使えます。道はスギ林から自然林の中に変わり、道なりに進むと稜線の一歩手前で細いテープが張ら

無名峠の石祠

高無山の山並み（越本より）

れ、パイプのはしごが掛かっていました。

ここは切り通しの峠のようで枯れた巨木の下に石祠がありました。屋根と土台だけを残すのみで年代は読めませんでした。祠を祭るような峠であればきっと名前があるはずです。この峠から北方の尾根を登り、一三二〇メートルの隆起部に向かいます。一三二〇メートルの隆起部は広々として、ブナやミズナラなどの巨木があると気持ちが落ち着きます。ここは林道終点から尾根を登ってきたときの稜線位置にあたり、稜線上には踏み跡が明瞭ですが高無山の山頂部に差し掛かると踏み跡はまったく無くなり、ササやぶが出てきます。

着いてみれば山頂は平坦な地形で、カラマツと雑木で見晴らしはまったくありません。三等三角点の標石は地上にむき出し状態で横たわっていました。高点がないので少しも頂上らしい雰囲気がありません。

こんな山頂は落ち着かず、あまり長居はしたくありません。帰路も稜線が判然としないためすぐ間違えてしまい、GPSで修正しながら戻りました。下山してみると山頂に高点が感じられないということが、まさに高無山という名前の由来なのではないかと思いつきました。

三等三角点の点名である「丸《まる》」という名称にしても、山頂の特徴を表しているのではないでしょうか。

後日、祠のあった峠の名称や山名について村役場に問い合

高無山の山並み（後方は武尊山）

わせてみると、地元越本の住人に聞いても名称は分からないということでした。この峠を知っている人はもうほとんどいないのでしょう。

（二〇二〇年九月）

高無山頂（三角点標石が倒れている）

田子地林道のスギ並木

片品川に沿う山並みの一つ
赤沢山と堂平山、上小川の後山

里から眺める山々の中に形の美しい山や特徴のある山があったなら、人々はきっとその山に名前を付けたでしょう。戸倉に近い赤沢山《あかざわやま》や堂平山《どうだいらさん》は、信仰の足跡もなく登山道すらないやぶ山ですが、里の人々からは日々いつも仰ぎ見られてきた山です。

赤沢山《あかざわやま》（一五三九・八メートル）

赤沢山の中腹には電源開発の送電線が走っていて、車沢に沿う林道やそこから分岐した山道が送電鉄塔の下まで続いています。鉄塔から赤沢山までは登山道はおろか、踏み跡すらありませんが山頂までの距離はわずかです。

車沢の林道入り口は県道四〇一号の旧道に入って〇・七キロ進んだところです。片品砕石事業協同組合・車沢事業所の看板から道は右手に分かれます。

この道路に入るとあちこちに退避場所がありますが、いずれも砕石を積んだトラックが出入りするためのもので駐車禁止になっています。

林道の入り口から二・七キロ進んだところに採石場の入り口があり、当然のことながら立ち入り禁止。車は採石場より上の林道脇の空き地に駐車します。

砕石場から四百メートルほど行くと車沢第二ダムがあります。太陽光パネル付きの御影石の石碑が林道脇に設置されて

山頂の三角点標石

赤沢山

います。ダムから四百メートルほど先、小さい沢が流れ込む橋の手前に作業道があります。表示も何もありませんが入り口は明瞭です。この道は地形図にも表記されていますが、こうした道の大半は廃道化しているのが普通です。しかしこの道だけは時々刈り払いがされているようです。

沢沿いを何度も渡り返しながら進んで行きます。三十分ほど歩くと、上部で水流が途切れて沢が二手に分かれるあたりまで刈り払いされていて、稜線まで出ると明瞭な踏み跡がありました。尾根に沿って進むと送電鉄塔の立つ広い野原に飛び出します。

至仏山（赤沢山より）

尾瀬の荷鞍山（赤沢山より）

鉄塔から赤沢山を望む

赤沢山山頂

赤沢山へはここから尾根に取り付きます。道はないものの境界標柱とプレートがあり、ササもさほど深くありません。斜面はカラマツ林で、植林して少なくとも二、三十年は立っているでしょう。所々に出てくるくぼ地のような地形はおそらく植林当時の作業道跡に違いありません。

山頂には三等三角点があるのみですがミズナラ、ブナの巨木も見られ、樹間越しに武尊山、至仏山、四郎岳などの山々が望めます。

帰路は送電鉄塔まで戻り、展望を楽しんでから巡視路を下るとすぐに立派な山道が現れました。おそらくこの道が送電鉄塔に続く巡視路なのでしょう。北側に荒れ気味の道があり少し進むと、右手に沢が現れたので下ってみる予想通り地図上の破線路で、往路通った沢の道へと戻ることができました。

車での帰り道、沼田街道の土出や越本の集落から、登ってきたばかりの赤沢山を望むと端正なピラミッド型の山容を見せていました。

堂平山《どうだいらさん》（一三一四メートル）

尾瀬の玄関口、戸倉で富士見下方面の道に入り、鳩待方面の道に分かれたところから五百メートルほど進むと、保安林標識の看板のある林道が左手に分かれます。舗装林道で六百メートルほど進むと小さな沢に架かる古父山橋を渡ります。そこから二百メートル進むと堂平山の西面辺りで、谷側にゴミ不法投棄禁止の黄色い看板、山側に「村巾」と赤い表示のコンクリート柱が見えます。若干の踏み跡もあり、ここが北東尾根の取り付き点になります。

中に入るとカラマツ林帯の結構な急斜面です。少し登ったところから尾根筋に入るのでここを登ります。急登が連続しますが、それでも隣のくぼ地を登るより楽で、中段から急坂が少し緩くなれば一息継ぐことができます。さらに登り詰めると、山頂部の北端に着きます。南北に長い頂を南方に向かうと、ネジキの灌木帯の中に三等三角点がありました。展望はなく静けさに満ちています。ミズナラの大木に山頂プレートがあります。取り付けたのは今から二十年も前のことで、まだ健在だったのは嬉しいことでしたが、ビス止めでは老木

堂平山（戸倉より）

に悪いことをしたので取り外し、今度は枯れ木に取り付けておきました。取り外したプレートがやけに高い位置になっていたのは、二十年間の間にミズナラの樹も大きく成長したからでしょう。

戸倉から国道を車で下っているとき、振り返えると、今までよく分からなかった堂平山がこんもりとした山容を見せ、里から見やすい位置にあったことが分かりました。

（二〇二〇年五月）

堂平山山頂

上小川の後山《うしろやま》（一一二六メートル）

利根郡には三つの後山があります。

赤谷の後山、立岩の後山で、上小川の後山は三つの後山の中では一番標高が高いのですが登山道などはありません。しかし上小川から越本方面に抜ける道路がこの後山の山中を通っているので、この道を利用すれば登山は比較的容易です。

上小川集落は鎌田の信号から日光方面に三キロほど向かった所の集落で、白根ドライブインの建物の反対側に小川集落への道が延びています。奥には優秀な競走馬を輩出することで知られる千明牧場があります。人家を通り抜け、牧場入り口を過ぎると上小川の簡易水道施設があります。山火事注意の横断幕のほか、ここから先は冬季通行止めになる旨のことが表示板に書かれています。

狭くカーブの多い道路を登り、国道の入り口から三キロほどで車道の最高地点（峠）に着きます。道路が下り坂に差し掛かる手前に作業道が東へ一本分岐していて、入り口は鎖で遮断されています。まだ夜も明け切らず、曇っていては月明かりも望めません。ヘッドライトを付けて暗闇の中をスタートしました。

正面の高みへ向かって踏み跡らしきところを探しながら登ります。スギ林の中は意外と踏み跡がしっかりとついていま

上小川の後山

した。

シカの食害防止テープなども施工されているので入山者はいるようです。登りはすぐ終わって隆起部を少し下ってからまた緩い登りになります。境界標柱やテープ表示なども頻繁に出てくる道はスギ林からブナなどの自然林へ変化します。招かざる人間に対してシカの鋭く高い「ピィー」という警戒音が暗闇から聞こえてきます。次の隆起部へ進み、三角点を探しながら進むと、突然視界が開け、遠くに人家の灯りが点在しているのが見えました。

山頂の西面は、伐採されたばかりのカラマツ帯で、視界が開けていたのです。点在する灯りは方角からして越本の集落でしょう。三等三角点の標石は、頭がペイントで赤く塗られていました。

暗闇の山頂にいても仕方なく、空が少し白々としてきたので、南方にある明瞭な尾根筋を下って車道に出ることにしました。この尾根にも明瞭な踏み跡がありました。少し下り、尾根筋が左手に屈曲するところが少し分かりにくい場所です。しかし明るければ迷うような心配はないでしょう。

この尾根にも境界標柱やテープ、反射杭などの目印があって夜間登山には大変役に立ちました。やがて尾根が道路に達する所まで来ると、なんと高さ二メートルほどの擁壁があり直接降りることができません。仕方なく左手に迂回して擁壁の低い場所から道路に飛び降りました。

逆方向から登るとすればこの尾根筋の取り付き地点は、始めに登った峠から約九百メートルほど下った場所で、作業道のような細道が道路反対側にありカーブミラーが立っている場所になります。

まだ薄暗い車道をゆっくりと歩きます。駐車地点に戻る頃ようやく朝がやってきました。

（二〇二〇年十月）

後山山頂の標石

日本ロマンチック街道沿いの山

片品の唐沢山（一七八七・二メートル）

利根郡には二つの唐沢山があります。一つは旧新治村にあり、もう一つは片品村にあります。片品の唐沢山《からさわやま》は三十年以上も前に一度だけ登ったことがあります。山頂付近のササやぶ漕ぎが大変だったことだけが記憶に残っています。

登山コースのスタート地点は、南に延びて国道に落ちている尾根筋ですが、頼りないほどの踏み跡が頂上付近までついていました。尾根の取り付き点は、国道にスノーシェルターが架かる入り口の少し手前にあります。「丸沼高原・日光白根山ロープウェー」の案内看板があり、その反対側には落石注意の交通標識が立っています。

三十メートルほど下が唐沢のバス停になっています。バス停までは鎌田の信号から約十一キロ、白根魚苑の入り口からだと二・四キロの距離になります。バス停付近に人家などまったく見当たらないので、利用する人といえば植林などの林業従事者か猟師や釣り師くらいでしょう。

標識板の前後に見える踏み跡をたどると滑り落ちそうな急斜面のスギ林で、標識の通り、うっかり落石でも起こせば道

国道のスノーシェルター上に見える唐沢山

唐沢山（日光白根ロープウェイ駅より）

路まで落ちてしまいそうです。

すぐ上部に見えている尾根筋まで登れば、そこはから先は明瞭な踏み跡があり、カラマツと雑木林の境界線上を登って行くだけです。急な尾根はやぶも無く、踏み跡は一五八〇メートルの隆起部まで続いていました。

カラマツが終わりミズナラやブナなどの巨木が出てくるとホッとした気持ちになります。隆起部が近くなると小ササも出てきてシラカバが混じり始めます。一五八〇メートルの隆起部は平坦な台地で、北側にカラマツ林帯が広がっています。台地をいったん下り唐沢山への尾根に向かいます。ここはササが深く道は判然とはしませんが鞍部まで下れば再び踏み跡がでてきます。

山頂につながる尾根に入るとネズコ、コメツガ、シラビソなどの針葉樹が出てきて亜高山帯の雰囲気です。ササも膝付近までになってきますが踏み跡があるのでさほど苦になりません。踏み跡は登山者によるものではなく、おそらく林業作業の人のものでしょう。一部倒木や灌木のやぶなども出てきますが、おおむね山頂直下までは緊張なく歩けます。

たどりついた山頂はササが深く、針葉樹とダケカンバなどに囲まれています。南方に日光白根山、錫ヶ岳、笠ヶ岳の大きな山容が樹間越しに望めました。

三角点の標石はいくら探しても見当たらず、代わりに木立に山頂プレートが掛かっていました。この山頂プレートは立派な木製プレートで、やや高い位置の小枝に掛かっています。多分残雪期に登られたのだと思います。いつの時代にもこうした道無きやぶ山を目指す奇特な登山者がいるものです。かくいう自分も昔はその一人でした。

（二〇二〇年九月）

唐沢山の山頂

山頂に続く踏み跡

修験道が開いた峠道

金精峠（二〇二四メートル）と金精山（二二四四メートル）

金精峠《こんせいとうげ》は群馬県の片品村と栃木県の日光市を結ぶ古い峠です。利根郡内では西の三国峠が上州と越後を結ぶ交通の要衝として利用発達してきたのに対して、東の金精峠は山岳修験道による修行の道として開かれました。峠としては高所に属し、十二月から五月ごろまでは深い雪に閉ざされます。

一九六五年に金精トンネルが開通してからは、もっぱら登山のための峠になり、峠越えという意味からして、群馬県側菅沼の登山口から峠道を歩こうとしたのですが、道標もなく、峠道の入り口さえ見つけることができませんでした。三十年ほど前に歩いたときは迷う所もないほど立派な山道が峠に通じていたのです。仕方ないので栃木県側のトンネル出口にある登山口から登ることにしました。

一般的には、こちらが日光白根山や温泉ヶ岳方面の登山コースとして用いられ、駐車場なども整備されているのです。峠までの道は短い分急登の連続で、木製階段やロープが連続します。三十分ほどかかって金精峠に着きました。峠からは眼下に湯ノ湖や男体山の眺望が開けます。北方の温泉ヶ岳や

金精山（笈吊岩）

道標の立つ金精峠

根名草山、南方の金精山《こんせいざん》と日光白根山の実質的な登山口です。

峠の一段上には金精神社の堂宇があります。昔は木製の立派な金精様が祭られていたのですが見当たりませんでした。もっとも金精山の頂上直下を占める笈吊岩がご本尊なのです。

峠から南の山道に入り、金精山に向かいます。しばらくは歩きやすい緩やかな道が続きますが、やがて笈吊岩を巻く辺りからロープやはしごが連続する急登になります。ずっと以前、山頂近くに火山性の亀裂発生があって注意看板が立てられたのですが、現在は亀裂を避けるためコースが少し変更されているようです。頂上付近までやってくるとようやく傾斜が緩くなります。

三角点はないものの立派な頂上で、東面に湯ノ湖、男体山、戦場ヶ原の大展望です。十月中ごろなのにくぼ地には雪がたまり、北風が寒くてじっとしてはいられず早々に山頂を退散し、金精峠に下りました。

峠から菅沼側へ下る道ははっきりしていて、また道標にも表示されています。多少荒れている所もあるようですが、この峠路はルートとして使えるものとばかり思っていましたが、下るにつれて期待は裏切られてしまいました。

コメツガとネズコの黒木帯を下るにつれて河原のように石がゴロゴロした道になってきました。倒木も通行できないほどではありませんが、たくさんありました。ところが沢に差し掛かると崩壊地が現れて山道が寸断されています。表示テープなども見えたのでまだ迷うほどではありません。傾斜地が終わり平坦地に入るとじきに、菅沼の登山基地周辺に出るはずだと思っていたところ、ササやぶが出てきて道は消えてしまいました。いくら探しても道は無く、これではササやぶを漕いで国道に出るより仕方ありません。距離にすれば二、三百メートルなのに、背丈を超えるササやぶの中に入ってしまうと周りは見えず、歩くこともままなりませんでした。

菅沼側からの峠路が分からなかったのは、山道の整備が行われていなかったためですが、このコース自体を使えなくして整備休止するための措置のように思えてなりません。

金精峠は明治時代の歌人、若山牧水なども越えた由緒ある峠路です。峠そのものは消え去ることなくこれからも存続してゆくでしょうが、群馬県側から栃木県側に県境越えができなくなるのは寂しいことです。

（二〇二〇年十月）

金精山山頂

温泉ヶ岳側の岩壁

菅沼側登山道

金精様を祭る堂宇

峠と山名が三角点の点名になっている山

宇重田峠（一〇六四・九メートル）

片品村の鎌田から花咲へ抜ける峠の一つに宇条田峠《おじゅうたとうげ》があります。

御座入集落からこの峠を通り鍛冶屋の集落へと抜けて行きますが、峠の南方には二等三角点を置く山があり、点名は宇重田峠となっています。点名というのは三角点の呼び名であり山名ではありません。便宜上、分かりやすくするため多くの場合、付近の著名な地形や地名などが付けられます。地図上の宇条田と字は異なりますが、この峠の名称であることは間違いないでしょう。

宇条田峠は高い切り通しのある地形で、北側にあるテレビ電波中継塔を示す看板のところから山手へ向かう山道が付いています。

ジグザグに登って行くと切り通しの真上に出ます。そこから緩く尾根をたどって行くとアカマツの多い雑木林が続いています。ひとしきり登ると急斜面には木製階段が出てきて山頂まで続いています。山頂台地にはテレビ受信中継施設のキュービクルと電柱鉄塔があり、その裏手に三角点標石が置かれていました。

木製階段のある山道

二等三角点の山ならば比較的周囲から目につきやすく、電波中継施設を設置するような山であればきっと山名もあるはずと、後日、村役場に問い合わせましたが、特に山名は無いという回答でした。

宇条田は古くは「おじゅうた」とも呼ばれて、この山には

御座入の集落と宇条田峠の山並み

謎めいた徳川埋蔵金伝説なども伝わっているようです。もしこの山に山名をつけるとしたら点名と同じ宇重田《おじゅうた》山か、または中継施設が位置する地名の有久保から取って有久保《ありくぼ》山とでも呼びたいところです。

　山頂から先の尾根の道はさらに続いているようなので、その先までたどってみることにしました。次のコブまで行くと尾根筋は二手に分かれます。さらに主尾根の方をたどり次のコブまで行くと、なんとここから先は尾根沿いに動物進入除けの鉄柵が施工されていました。

　鉄柵のゲートを開ければまだ先へと進めたでしょうが、今回は柵は越えずにここで引き返すことにしました。

宇重田峠のピーク

二点三角点の標石

地形図を見るとこの辺りは石灰岩の採れる鉱山がいくつかあるようです。確か途中にも「群馬長石御座入鉱山」と看板のある事業所がありました。あの柵の向こう側にあるのはきっとこの鉱山なのでしょう。

宇条田峠に戻ってから花咲側に下って行くと、下り切った所の花咲橋から武尊渓谷の遊歩道があります。新緑の時季で水量豊富な美しい渓谷が見られるのですが、最近では倒木が遊歩道をふさぎ立ち入り禁止になっていました。花咲側の車道分岐路には、大きな武尊渓谷の看板も出ているのでぜひ復活してほしいものです。

（二〇二一年四月）

武尊渓谷（花咲橋より）

切り通しの宇条田峠

尾瀬岩鞍スキー場から登る

西山（一八九八・二メートル）

西山《にしやま》は尾瀬岩鞍スキー場があるその上部稜線にそびえる山で、みなかみ町と片品村の町村境界稜線上に位置します。西山とは単純な命名です。この山が西方に見える方角といえば戸倉辺りの集落でしょう。しかし奥深い山村からこの山を仰ぎ見る場所というのはなかなかありません。

鎌田の信号から尾瀬方面に向かい四・五キロ先で、尾瀬岩鞍スキー場の入り口があります。この入り口には土出温泉のバス停標識も立っています。分岐路から坂道を登って一・七キロでスキー場の広い駐車場に着きます。ホテル、ロッジ、レンタル店など十軒以上の建物が並んで建っています。スキー場の営業は四月上旬までで、五月の連休中はゲレンデの中には雪もなくキャンプの営業が始まっています。

ここから西山は見えませんが西山に連なる稜線が正面に望めます。とりあえず目標はスキー場の正面に見える稜線の最低鞍部と定めスタートしました。

十二山神社を祭る鳥居の脇からゲレンデの中を行くか、または右手の狭い舗装道路を登って行きます。稜線鞍部とはいってもかなり高い位置で、たどり着くまで一時間近くもかかりました。鞍部にはレストランアルプと西山第五リフトがあります。

第五リフトの先が西山に向かう尾根の取り付き点になるので、さらにゲレンデを登ります。急坂がきつく、登り切るのに四十分もかかりました。登り切った所はスキー場下から直接やってくるミルキーウエイロマンスリフトの山頂駅です。連休していますがスキーシーズンならリフトであっという間に到着です。

第五リフトの終点方向に向かうと金属製の案内板らしき枠があり、ササが刈り払われた山道が見えます。この切り開きにはササの切り株がたくさん飛び出していて転べば串刺しです。しかし歩き難くても背丈を越える密生したササやぶをかき分けてゆくよりはずっとマシです。この切り開きはみなかみ町と片品村との町村界尾根につながる所まで続いています。

稜線は比較的緩やかで、その中間地点にヒメコマツの巨木

南東の稜線から望む西山

があります。その辺りから樹種はブナからコメツガなどの黒木帯に変わります。

町村界稜線からは右手に西山への尾根が延びていますが、切り開きの道はなくなり、ササを分けながら足元の踏み跡を探って進みます。倒木が現れると越えるのにも一苦労です。

この尾根は積雪期に雪庇ができるところで、残雪の上を歩ければ楽なのですが、五月の連休過ぎでは雪も少なく、ササを分けて進みます。山頂手前の百メートルほどが特に深いササやぶで、手探り状態でした。

山頂にたどり着くと残雪があって二等三角点の標石は見つけられませんでした。残雪の周りは深いササでコメツガとダケカンバの木が目立ちます。ツガの木の三メートル以上もある高い位置に青い山頂プレートが取り付けられていました。積雪期に登った方が付けたものでしょう。

西山の山頂までやぶ漕ぎで登ったのはもう二十五年も前のことです。今回も当時とまったく同じ状況でした。帰路の稜線を下ってゲレンデに出るまで幾度となく西山を振り返りました。この山頂に立つことはもうないだろうと思ったからです。

広々としたゲレンデの草地からは、上州武尊山が目の前に大障壁のようにそびえています。草地をのんびりと下って行けば、日光白根から錫ヶ岳、笠ケ岳などの稜線が一望のもとです。皇海山などは今まで見たこともない形を見せていました。五月晴れの登山日和でしたが、黄砂で青空がかすむ昼下がりでした。

（二〇二一年五月）

コメツガとササに覆われた西山山頂

ササの切り開きがある山道入り口

岩鞍スキー場ゲレンデ（後方は笠ケ岳と三ケ峰）

残雪期に登る広々とした雪源

大行山（一七八〇メートル）（三角点は一七七一・六メートル）

大行山《だいぎょうさん》は尾瀬の登山口の一つである富士見下の西方に大きなドーム形の山容を見せています。音読みで「だいぎょうさん」、訓読みで「おおなりやま」と呼ばれます。

登山道は無く、深いササやぶに覆われているため残雪期でないと登ることができません。

尾瀬の玄関口戸倉から富士見下の駐車場までは五キロほどで、五月連休前には除雪されています。駐車場から田代原の湿原がある辺りまでは徒歩で一時間ほどの行程ですが、最近は温暖化のせいか残雪が少ないようです。この時期、戸倉では桜が散り新緑となっていても、富士見林道では木々が芽吹いたばかりの美しい自然林が広がり、そんな中をゆっくり登ります。

下山途中で出合ったカモシカの赤ちゃん

田代原のある場所は、ヘアピンカーブの急坂道から平坦地に変わるのですぐ分かります。田代原の北側から西方に見えている稜線鞍部を目指すことにしました。とはいっても残雪が少ないため、雪のあるところを選びながら登って行くので時間がかかります。雪のない場所では背丈以上のササやぶなので歩くことなどはできません。

鞍部に向かうにつれ沢筋には残雪が多くありましたが歩行困難な場所も出てきたので、鞍部を省略し、山頂手前のコブに向かうことにしました。雪の急斜面になるのでここで軽アイゼンを装着しましたがほとんど効き目がありません。上部を見上げればカモシカが目指すコブの下を巻くように行くのが見えたのでその跡をたどることにしました。ダケカンバ帯

田代原（湿原）から見た大行山

を尾根まで慎重に登り切れば、そこは緩やかで広々としていてホッとします。山頂に向かって緩やかな雪原を進みます。

最初の隆起部がある場所のツガの木に山頂プレートが掛かっていました。しかし山頂部はもう少し先のような気がしたのでさらに先に進むと、次の隆起部のツガの木に赤布が掛かっていました。ここが一七八〇メートルの大行山の山頂だと思われます。

三角点位置はここではなく、その百メートルほど先の南端に一七七一・六メートルの標高点が記されている場所があります。あまり広い場所の高点に置くよりも台地の端の方が測量には都合が良かったのでしょう。なおこの三角点の点名は「船ヶ原」となっていました。もちろん標石などは残雪の下で確認するすべもありません。

どこが山頂か分からないようなだだっぴろい山頂部をひとしきり歩き回った後下山することにしました、雪原から懐かしいアヤメ平や荷鞍山の稜線が美しく望めます。至仏山、燧ヶ岳、日光白根山などの高峰はまだ雪姿のままです。

下山は山頂手前のコブから下降するところが急斜面で心配な場所です。カモシカが歩いたところを下ると、案の定雪が崩れて転倒し、十メートルほど下の段差でやっと止まることができました。ホッとした途端、今度は足元に小さな黒い動物が寄ってきたのでビックリ。「なんだぁこいつクマか」、よく見ればカモシカの赤ちゃんでした。周囲を見渡しても親カモシカは見当たらず、どうやら私を母親と勘違いしているようです。しかし、いつまでもここに留まることはできないので写真を撮りました。

雪上の足跡を忠実にひろいながら田代原まで降りるとようやくホッとしました。二十五年ぶりに登った大行山、カモシカの赤ちゃんに母親と間違われたことなど、忘れられない山行となりました。

（二〇二一年五月）

大行山の山頂付近

大行山からアヤメ平の稜線を望む

大行山の三角点付近（山頂の南側）

片品村役場の背戸の山

朝日山（一二〇二・九メートル）（三等三角点・水口）

片品川を挟んで村役場の裏手に隆起している山が朝日山《あさひやま》です。しかし山頂に設置されている三等三角点標石の点名は「水口」となっています。

片品村の中心地は鎌田で、役場庁舎の背戸に当たる山なので朝日も真っ先に当たることでしょう。地元の人なら皆知っている山かと思い村役場の観光係に問い合わせてみたところ、山の名前は特にありません、という回答でした。

朝日山という山名は、安中市在住のY氏による「登山記録・群馬七〇〇山」からの引用です。尾瀬大橋辺りから山を眺めれば中腹に何やら看板らしきものが見えます。朝日の当たる条件を考えれば看板を立てるのも頷けます。

特に登山道は無いということであったので、登山コースを考える際、この山を挟んで南方には宇条田峠があり、北方には高無山に登ったとき利用した無名峠があることから、北側の無名峠から稜線を南下してこの朝日山に登ることにしました。無名峠までは、高無山へ登ったときに利用した田子地林道があります。一度でも歩いた経験があれば安心感も生まれ

朝日山の三等三角点

朝日山

るというものです。

　無名峠とはいっても壊れかけた古い石祠もある峠で、田子地沢の源頭が位置していることや、田子地林道の最終的な行き先がこの峠にあるならば「田子地峠」と呼んでも良いくらいです。

　峠の切り通しは砂のような急斜面で、尾根上まで登れば傾斜も緩くなり踏み跡も所々に出てきます。登り上げるとすぐに東の枝尾根からカラマツと雑木帯の縁を赤ペイントの表示が上ってきていて、行き先の稜線へ続いています。少し行くと左手には新しそうな林道がすぐ下まで延びていて、少し拍子抜けです。

　さらにその先の隆起部へ向かうと、右手に巻き道がありります。この先が中間峰とも言える一二四〇メートルの隆起部です。巻き道は一旦下って次の隆起部へ上り返します。この中間峰は朝日山よりも高く左手へ巻き道もあるようなのですが、ここから林野庁の境界標識杭が出てきたので、それに従って登ることにしました。

　中間峰からの下りは幅広い尾根で踏み跡も消えてしまうと迷いそうですが境界杭が道しるべとなります。中間峰を下りきると急に尾根筋が狭くなり、朝日山への上りに差し掛かる当たりで大きなネズコの巨木が前方に現れます。近づいて根元を見れば、なんと石祠が祭られていました。ここは古い峠があった場所のようです。よく見れば、稜線を挟んで峠を乗り越す道形のようなものも認められました。石祠の側面を見ると、「嘉永七年」「太田○○氏子」というような文字が読みとれます。かつては、太田の集落から花咲側に抜ける古い峠道の一つであったにちがいありません。朝日山の山頂はここからすぐです。

シラカバやブナなどの広葉樹林帯を登ると、細長い尾根の

朝日山の稜線（太田橋より）

上の山頂です。この三角点標石も高無山と同様になぜか倒れていて、主三角点と記されているだけでした。

細長い山頂台地が南北に延びるその尾根は宇条田峠につながっていて、赤ペイントのマークも続いているようです。いつかその宇条田峠までの稜線をつなげて歩きたいものです。そんな思いを山頂に残しながら、往路を戻ることにしました。

ところで、この山の三角点の点名「水口」とは一体何であろうかと考えていたのですが、鎌田にある「道の駅」に寄り道したところでその疑問が解けました。

付近の山麓には湧き水の出るところがたくさんあって、片品の湧水群と呼ばれています。この湧水は道の駅構内の水道からも採水することができるため採水していく観光客もたくさんいます。

「水口」とは湧き水が出ている場所を指し、山の三角点にもその特徴的な事柄が名前として付けられていたのです。実際、田子地林道を歩いたとき流水もない場所に、湧水を利用していると思われる水槽配管設備が設置されていました。これも水口の一つではないかと思われます。この山塊には群馬長石の御座入鉱山のような鉱山があり、峠の切り通しには砂礫のような構造土も見られました。十カ所以上もあるという湧水口はこの砂岩のような構造土が水を容易に浸透させ、表に出しやすくしているのではないでしょうか。

水口が特徴的な山であるということならば山の名前も「水口山」と呼びたいところです。

（二〇二一年五月）

朝日山

片品川に架かる尾瀬大橋

無名の峠（ネズコの巨木と石祠）

里山歩きの参考資料

（随　　　想）

1　クマ対策

2　山蛭対策

3　遭難と事故

4　登山道のない山

5　三角点と点名

6　里山の動物たち

随想

クマ対策

登山口などで「クマ出没注意」の看板をよく見かけます。これを見てしまうと誰しも登山が不安になってきます。夜中に山を歩きまわってクマは怖くないのかと、よく聞かれます。クマに勝てる見込みなどありませんから、クマ対策というのは出合わないようにすることが一番重要なのです。

結論からいえば、接近遭遇をさけるため、クマの生息区域では鈴、笛など音の出るものを持ち、クマに人間の存在をいち早く知らせることに尽きます。

私は登山でクマに遭遇した経験が十数回ありますが、近郊の里山歩きを始めてから、沼田の戸神山と高王山、月夜野の富士山と大平山の二つの山域に限ると、約六千回の登山でクマに遭遇したことが九回ありました。これは確率からいうと〇・一五パーセント、すなわち単純計算で、約六六〇回のうち一回程度クマに出合ったということになります。

クマに出合う時期としては春から初夏にかけて多くなります。これはクマが繁殖時期になるため、行動範囲が非常に広くなるからです。また未明から早朝というのも、クマが餌を求めて最も活発に活動する時間帯ですから遭遇が多くなるのもやむを得ません。

クマに出合ってしまったときは対峙しながら前向きのまま目をそらさずそっと後退りしてその場を立ち去るという方法があるとよく言われますが、これはクマが警戒範囲内にある近距離のときで、大抵の場合は人間に気付けばクマの方が先に逃げて行きます。

では運悪くクマと接近遭遇してしまってクマの威嚇、攻撃範囲の距離まで近づいてしまった場合はどうしたらよいのでしょう。この場合、悲鳴を上げたり、後ろ姿を見せて逃げ出したりしたら間違いなくクマに攻撃されてしまいます。だからといってクマのなすがままにされるというわけにはいきません。もう逃れる方法がないのだというのなら、こちらも負けずに大きな怒声をクマに浴びせかけ、反対に威嚇してみるしかないでしょう。

六月初旬のある日のこと、音の出るものをうっかり忘れてしまい、本当に嫌な予感がしたのですが、山道のカーブを曲がったすぐ先にクマがいました。見通しが悪くお互いその存在に気が付かなかったのです。距離は五、六メートルの接近状態で、クマはいったん脇の斜面を駆け上がろうとしたかに見えたのに、急に私めがけて向かってきました。咄嗟に大声を出してクマを威嚇、なんとクマは猛烈な勢いで立っている私の脇をかすめて後方に逃げて行きました。私がこのとき悲鳴を上げて逃げ出していたなら、クマはきっと後ろから襲ってきたでしょう。相当吃驚したけれど、逃げ出したのはクマの方なのだから、また戻ってきて襲いかかることなどあり得ないと確信し、何事もなかったことにして、そのまま登山を続行することにしました。

また六月のある雨の日のこと、大きなモミの木の下にさしかかったとき、上で何やら気配がするので見上げるとクマが木からズルズルと下りてくる所でした。傘を差していたのでクマが木に登っていることに気付きませんでした。この時期に吃驚しましたが、その場を動かず見ていたら、下りた途端に一目散で茂みに飛び込んでからどこかへ逃げて行きました。逃げたクマを見れば、なぁーんだクマの方だって人間が怖いのか、ということがよく分かります。

このような遭遇を何回か経験したら、クマに対しての恐怖心がかなり薄らいできました。クマが人を襲うのは防御のためで人間を餌にして襲ってくるわけではなく（攻撃したあとは一目散で逃げてゆく）タヌキやキツネなどと同じような用心深い山の動物ではないか、という感覚に落ち着いたのです。

あちこちにあるクマ出没の注意書き

クマが木に登ったときの爪跡

里山歩きの初期段階では、クマに出合う回数はかなり頻繁に生じたのですが、現在ではそれもほとんどなくなりました。その理由として、私の夜間の里山歩きでは、かなり強力なヘッドランプをつけ、鈴のような音の出るものをいつも身に付けて歩いているからです。夜間歩きだと、人間の存在が遠くからでもよく分かるはずです。自然の多い山中にすんでいるクマにとっては、隠れ場所も逃げ場所もいくらでもあるはずで、わざわざ人間のいる所にのこのこ出掛けて対決する必要などはないのです。

これはイノシシなどほかの動物でも同様のことがいえます。猪突猛進の例え通りで突進してきたイノシシに突き飛ばされ大けがをしたなどということが新聞などで報道されますが、それは市街地に出てきたイノシシを袋小路に追い詰めたり、罠で捕らえたイノシシを放ったりしたときに生じる事故であって、山中においては子連れのイノシシであっても、向かってくることはなく、一目散に逃げ出します。まるでクモの子を散らすように四方八方、その大慌てぶりに私の方が呆気にとられてしまいます。

子連れのクマなども非常に危険と言われますが、山で仕事をしている人が笛を吹いて登ってきたときのこと、かなり遠方にいた子連れのクマが慌てて逃げ去ってゆくところを何度か目撃したといいます。山の中ではクマも人間も、お互いに何の関わり合いなど持ちたくはないはずです。クマに限らずおそらく山の動物すべてについていえることでしょう。

しかし、このような体験が通用しない事件もたまに起きています。それはキャンプ場などにおけるクマの出没で、人間の出した残飯をあさりに来るのです。人間がいるキャンプ場に来れば餌にありつけることを学習してしまったら、頻繁に出没してしまいます。食べ物に関して、冬眠を控えた時季であれば、どん欲になっていて餌を横取りする人間が邪魔な存在だと感じても仕方ありません。むしろ、残飯の片付けを忘れている人間側の問題かもしれません。

最後にクマ除けスプレーについて述べておきましょう。ホルダーで腰に提げておきますが、クマに出合ってから、咄嗟にスプレーを発射するのは至難の業で、ピストルのように射撃訓練でもしない限り使いこなせません。スプレーには誤射を防ぐための安全装置が付いているのですが、クマに出合ってから操作をしていたのではとても間に合わないので、安全装置を外して持ち歩いていたところ、ザックの角に当たって、自分にかかってしまったことがあります。スプレーには唐辛子エキスが入っていて、能書きには人畜無害と書いてありますが、素肌にかかれば大変なことです。火傷と同じくらいの猛烈な痛みが襲い、放っておいたら赤く腫れあがってしまいました。

ひどい目に遭っているので、今はスプレーを持つことは止めました。でも女性登山者が、山で野犬や痴漢などの対策として護身用に持ったなら役立つかもしれません。

山蛭《ヤマビル》対策

最近の里山歩きではヤマビルの被害が目立つようになってきました。マムシやスズメバチなど命に関わるような危険生物ではないにしても、嫌悪感という点からすれば、およそヤマビルに勝るものはないと思います。ヒルはいうまでもなく吸血生物で人間が最も不快に感じる生き物の一つです。このヤマビルが里山で爆発的に増えています。地球温暖化はヒルの生息環境を変えただけでなく、増え続けてしまったイノシシやシカなどの動物がまき散らしているのが現状です。ヒルが出る山など登る気にもなりません。しかしこのままヒルの生息区域がどんどん広がってくると、そうもいっていられなくなります。

そこで、ヤマビルについてその習性や対策などを探ってみたいと思います。

生態について

ヤマビルの出没期間は地域によって異なりますが、大体五月から十月にかけてです。気温がおよそ十五度を超えた当たりから活動し出すようです。落ち葉の裏側に潜んでおり、雨が降ったりして湿気が多くなると途端に活発になり、表に出てきて動物や人間が来ればすぐに取り付きます。動物の出す炭酸ガスや体温、振動などを察知するのだといわれています。一メートルくらい離れていても人の動きに合わせて方向転換し、シャクトリムシのように身をくねらせ向かってきます。

ヒルの取り付き方は実に巧妙です。触れたものに瞬間的にくっつく能力は驚くべきで、人がくると、まず登山靴の裏側に付着します。徐々にはいながら表側へ回ってきて、素早く靴の内部やズボンの裾へと入り込みます。人が休憩などしていようといまいと、またどんなに早足で歩こうと、例え走ったとしても、必ず取り付かれてしまいます。

ストックでさえはい上ってきて知らぬ間に指の間から吸血されてしまうこともしばしばです。ストックの先端が地面に着く時間など、片足が地面を踏む時間の二倍としても時間にすればわずか一秒足らずのものでしょう。何ともはや、驚く

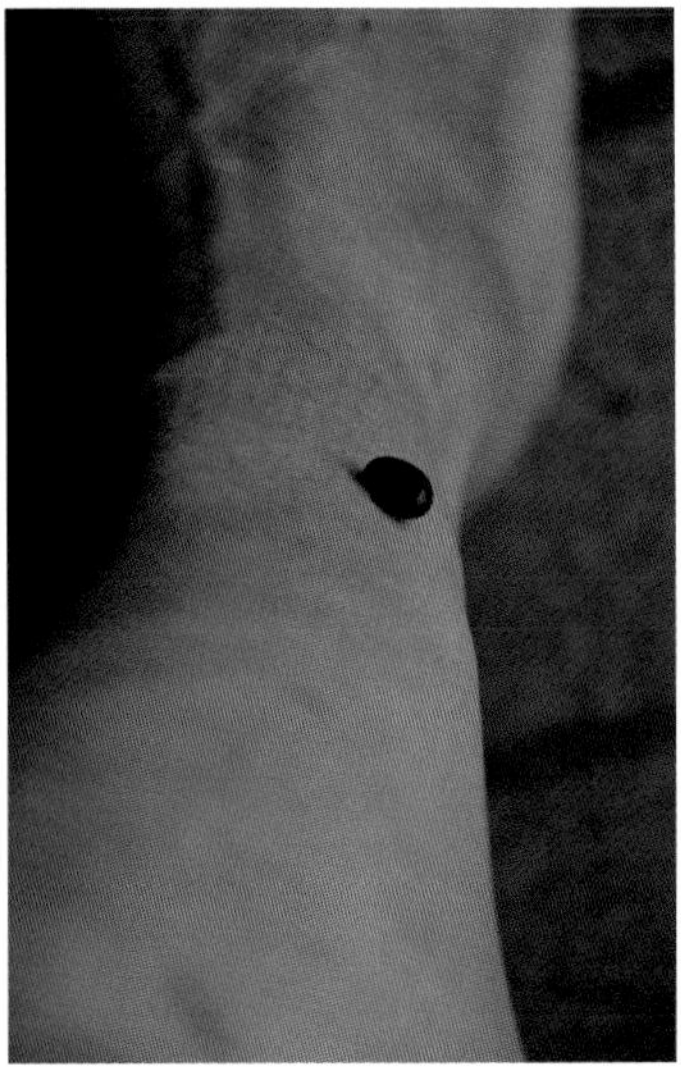

筆者の足首で吸血するヤマビル

べき能力です。

ヒルはいくら踏みつけても簡単に潰れたり死んだりはしません。鎌の刃先などでは切ることさえできません。恐ろしく執念深い生き物でコンクリート上で二、三回踏みつけても、しばらくするとモゾモゾと動きだし、シャクトリムシのように身をくねらせながら人に向かってくるのですから、これは身の毛もよだつような光景です。ヤマビルは動物が来ると樹上から落ちてくるなどとよく言われますが、そのような経験は一度もしたことがありません。

落ち葉の間から花を咲かせるギンリュウソウ

ヒルは取り付いた後も、吸血できなければ絶対逃げたりしないで必ずどこかに隠れています。雨の日や雨上がりの日に二時間も歩けば片方の靴だけで十匹以上は隠れています。見つけて駆除するものを合わせれば三十匹以上という日は珍しいことではありません。そんな日が年間五十日以上もあるのですから大変。今まで吸血された回数は半端ではありません。

ここで、重要なポイントがあります。わざと靴の中をヒルの隠れ場所にしてやるということです。靴の中に絶対侵入させないようにと考え、長靴を履き隙間はすべてガムテープで厳重に目張りしてみたら、今度はヒルは首や顔にまで這い上ってくるではありませんか。足元までなら何とか我慢できても、首や顔にまでやってこられたら、もうたまりません。

吸血被害について

ヒルが吸血するとき、初め少しチクチクした痛みを感じることはあっても、吸血中は痛みをほとんど感じません。これは痛みを感じさせない麻酔成分によるもので、その上、ヒルジンという血液凝固を阻止する成分によって長時間、吸血し続けられるのです。たっぷり血を吸ったヒルは丸々と太り、人が気付かぬうち自ら地面に落ちて逃げてしまいます。吸血された傷口からはなかなか血が止まらず、気付いたときには、血まみれで大出血したかのような状態になっていて非常にびっくりします。

止血には、傷テープを貼っておきますがなかなか血は止まりません。一旦止血しても入浴などで再出血することもあります。傷は一週間程度で治りますが、傷口はかゆくなり化膿止めを塗っておいても化膿してしまうと、治るまで一カ月以上に及ぶことがあります。

このようにヤマビルにはいつもひどい目に遭わされているのですが、毒を持っているわけではなく、ツツガムシやマダニのように媒介する寄生虫や病原体がないのは唯一の救いではあるかもしれません。

ヒルの体というのはナメクジと同じように非常にヌメヌメとしていて乾燥は非常に苦手なようです。従って、天候の良い日が続けば、落ち葉の上を歩いても取り付かれることは滅多にないことも知っておきましょう。

ヒルの忌避剤について

登山口にヒルの忌避剤として、食塩水を置いてあるところもあります。しかしこれは気休め程度と考えるべきです。なぜならヒルは吸血生物だからです。動物の血液中には生理食塩水濃度（〇・九パーセント）の塩分が必ずあるのですから、これを食料にして生きているヒルにとっては、少しくらいの塩分などは好むとしても嫌うはずがありません。

また、ディート薬（ジエチルトルアミド）を含むほとんどの昆虫忌避剤（防虫スプレーとして販売されているもの）も効いたことがありません。ヒル忌避剤は、肌や服に付くことも考慮しなければならないため、いくらヒルに効くとしても毒薬や強酸などは使用できません。また自然環境に対しても、なるべく影響が少ないことが必要です。

ヒル専門の忌避剤がインターネットなどを通して販売されています。これらは確かに効果がありますが少々値段が張ります。スプレー式百ミリリットル入りの小瓶で千円以上するものは、靴にまんべんなく塗ると二、三回で終わってしまいます。滅多に山に行かない人であれば、これで対策は十分なのですが、ヒルの出る山に頻繁に出向く私は、お金をあまりかけたくはありません。色々試してみた結果一番効いたのは、アルコールでした。

ヒルの体は伸び縮みが自在で、皮膚に取り付き吸血しているヒルを引き離すのは容易ではありません。アルコールを吹き付けたところ吸血中でも苦しんで自分から落ちてゆきます。落ちたヒルにさらにもう一回吹き付けておけば駆除もできます。

アルコールは薬局で市販されているエチルアルコール（注射のとき皮膚消毒で使うもの）が一番よいのですが、食品用に使う安い物でも効果は十分です。他の忌避剤では直接皮膚に付けることなどできませんが、アルコールならば出血中であっても皮膚消毒にもなるので一石二鳥なのです。本来アルコールの殺菌作用というのは細菌やウイルスの外膜を溶して破壊してしまうことによりますが、ヒルに対しても覆っている保護膜を溶かし皮膚を破壊してしまうのかもしれません。

試したことはありませんが、日本酒やウイスキーでも効き目があるかもしれません。登山者がよく持ち歩く薬品類として、打ち身捻挫用のトクホンチール、虫刺され用のキンカンなどがありますが、トクホンチールとキンカンには溶剤としてアルコールが入っているのでヒルには良く効きます。本来の使用目的ではありませんが、もしものとき持っているとヒル対策用に役立つでしょう。

終わりに

「蛭」と名が付く山としては丹沢の蛭ヶ岳が有名ですが、日本全国には蛭野、蛭沢、蛭窪などの蛭に関する地名が百カ所以上もあるそうです。嫌われ者のヒルなのに、なぜこんなにもたくさんの地名や人名にさえも使われているのか、何か有用な理由があってのことに違いありません。

ヒルが痛みを感じさせなかったり、血液を凝固させない力を持っていたりすることに、なにか特別な力があると想像した昔の人は、漢方薬にしたり、うっ血した部位の膿を出す治療に利用したりしました。またヒルジンは最も安全な血液凝固阻止剤といわれ、現代の医療用にも応用されています。

日本にいるヒルは約六十種類ものヒルがいるといわれています。その内、吸血ヒルはわずか三種類。そのうちの唯一の陸生のヒルがこのヤマビルです。生息区域はどんどん拡大して、野菜畑やシカのいる公園など、身近な場所にも及んで被害も広がっています。人間がヒルを里に連れて来る媒体となってしまうことだけは避けなければなりません。

ヒルは一回吸血すれば一年くらい吸血せずとも平気で生きられるそうですから、よく点検して、もし居たら必ず駆除してしまうことです。車の中、家の中までヒルを連れてきて、着替えをしていたら、たっぷりと血を吸って、まるまると太ったヒルがポタリ、なんていう場面は想像しただけで恐ろしくなります。そんなことになったら家族から、「もう二度と山へ行かないでくれ」と言われるのは必定です。

遭難と事故

道迷いについて

里山といえども遭難や事故の危険性がないわけではありません。特に道のない山では迷いやすく、地図やコンパスは必須で、GPSも道迷いに対して非常に有用な機器です。

山の遭難で多い道迷いの多くは、上りではなく下山のとき発生します。上るときは山頂という目標物はただ一つだけなので、たとえ道が分からなくなったとしても高みに向かって登れば大抵は山頂にたどり着きます。しかし、下山となると山麓に向かってコースは放射状にどんどん広がり、とるべきルートを誤る危険性が高くなってきます。

道の無い山なのに道に迷うとはおかしな話ですが、迷うという状態は自分のいる位置がまったく分からなくなってしまったということを指します。道に迷ったと思ったら、まず分かるところまで引き返すことが大事です。迷った先から、さらに先へ進んでしまったらもう戻れなくなります。

登山では下山時の方が気が緩むし、かなり下ってから誤りに気が付いたとしても、疲れているので元のところまで登り返すのはかなり抵抗を感じるものです。しかし遭難するよりはいいと考えねばなりません。「まあイイや」と安易にどんどん下って行けば帰路はやがて行き詰まることでしょう。

個人差はありますが山中では方向感覚を失いやすいのです。たとえば、登山道のない山で、頂上にたどり着いたのはよいけれど、さて引き返すか、というときになって、一体自分はどちらから登ってきたのさえ分からなくなってしまうことがあります。ですからどの方角から登って来たか、必ず目印を作っておくようにします。まったく逆方向に下ってしまったらとんでもない方向に行ってしまい遭難してしまいます。

迷ってしまったときでも、里山だからといっても安易に沢筋を下ることは禁物です。頂上部ではとても緩やかに見える沢筋でも、下流に行くほど浸食が進んでいて、険悪な谷になっていることがよくあります。大切なのは尾根筋を見つけて下ることです。尾根ならば最低でも獣道くらいは付いているだろうし、周りの風景から自分がどのあたりにいるかだいたい見当がつくものです。山で道に迷うと、誰しも気持ちが焦ってきてしまいます。焦ってくると余裕が無くなり頭の中が真っ白になってしまい、転倒や滑落などの致命的な事故にもつながりかねないので気を付けたいものです。

転倒、転落事故について

里山だと言っても町の中とは違い、救助隊などはすぐ来てくれません。山では絶対にけがをしない細心の注意が必要です。事故で多いのは転倒と滑落です。転倒の原因として多いものはスリップ、枯れ木つかみ、枯れ枝によるつまずき、浮き石などが挙げられます。整備された登山道では考えられないような事故が起きるのです。

具体例を挙げると

○沢沿いなどでは、水際の流木や濡れた丸太などがたくさんあり、濡れていると足を掛けた途端に滑って転倒します。

○急斜面を登るとき、うかつに枯れ木をつかんでしまうと、体重をかけた途端に折れて転倒します。もしこれが岩場などであれば転落という最悪の事態にもつながります。

○枯れ木が散乱している場所では、枝がつまずきの原因となることが多く、片足で踏み付けた枝に、もう一方の足が引っかかり前のめりに転がって顔面を打つなど非常に危険です。

○岩石がゴロゴロしたところでは足を乗せた途端石が動いてふらつき、足をくじいたり捻挫したりすることがあります。山中では歩けなくなれば大変です。

利根郡内の山岳で遭難事故が多いのは谷川岳ですが、最近では妙義山が多くなっています。表妙義の縦走コースはアルプスの鎖場などよりずっと難しく、妙義山を里山の感覚でとらえて入山するのはとても危険です。

以前、妙義山を縦走をしていたとき「アルプスに縦走に行くので小手調べに妙義山の縦走に来た」という人がいました。これはまったく逆でアルプスを経験してから妙義山に来るべきなのです。表妙義の縦走コースでは危険場所の通過が連続します。しかも鎖場は足掛かりが少なく腕力だけで体を支えなければならない場所もあり、途中で力尽きれば転落は免れません。大抵は死亡事故になってしまいます。

私も十メートルほどの崖から真っ逆さまに転落したことがあります。いつも登っている山なので慣れが生じたのでしょう。注意不足が原因でした。ロープを使って岩場を下る箇所で、ロープを固定していた木の根が折れてしまったのです。全体重をかけた状態で折れてしまったので、空中に放り出されるような形で、スローモーションのように頭から落ちて行きました。途中で岩にぶつかり胸部を挫傷、樹木に頭を打ち出血しながら岩と木の間に挟まってやっと止まりました。しばらく呼吸ができません。このまま死んでしまうのかと恐怖に襲われました。少しすると呼吸できるようになり、いくらか落ち着きました。それでも落ちたままの姿勢でじっと動かずそのまま目を閉じていました。気持ちが落ち着いてから手を動かし、足を動かし、大丈夫だと分かったときは本当にホッとしました。持ち物などはそのままにして山道まではって行き、やっとの思いで歩いて下山。胸を押さえながら車を運転し何とか自宅まで戻ることができました。あとは病院へ直行です。

診断は胸骨四本にひびが入り、頭は幸い外傷だけで内出血はありませんでした。治療といっても胸にコルセットを付け、鎮痛剤を飲んで安静にしているだけです。この事故後、一カ月間は胸が痛くて咳もできず、寝るときは横になれず、椅子に座ったままの状態で寝ていました。それにしてもあのとき、この程度のけがでよく助かったものだと信じられない思いです。

転落後、自力で下山できたのは不幸中の幸いというべきでしょう。登山する際は必ずこの事故のことを思い出し、気を付けるようにしています。

転落事故のあった岩場（大平山）

流木や浮き石などが多い枯れ沢（千貫峠の道）

登山道のない山

本文の中には登山道のない里山もたくさんでてきます。道のない山に登るには、地形図が必要です。等高線が入っている国土地理院発行の地形図は、五万分の一や二万五千分の一があり、いろいろな地図情報が載っています。登る山のコースは地形図を見ながら検討して計画を立てます。

1．コースの取り方

地形図の等高線からは、各地点の標高が分かるばかりではありません。尾根筋や沢筋を等高線から読み取り、登るべきコースを決めることができます。

山の等高線で外側に飛び出している部分があればそれは尾根筋にあたり、逆に内側に凹んでいる部分は沢筋です。山中で水平な林道を歩いているときにそれを実感できます。沢に差し掛かると道は沢のある内側に曲がって行き、沢が終わったところで元に戻ります。尾根筋では外側に迂回するように大きくカーブしてから元に戻ります。これが分かるようになると地図を見ながら、どこの尾根筋から取り付けば山頂にたどり着くことができるかが分かってきます。沢筋から直接山頂に至るコースというのはまずありません。沢というのは尾根の鞍部などから発生することが多いので、あくまで山頂に近づくためのコースとして使い、最終的には尾根に出てから頂上に向かうというコースの取り方が多いようです。

道のない山は、既存の林道や作業道などを最大限に利用し、山に近づけるだけ近づいてから、山頂に続く尾根筋へと取り付くのが常套手段です。山の所有者は国や県の場合もあれば、個人所有や共同所有などあって非常に分かりにくいものです。立ち入り禁止や山菜など採取禁止などの表示がある場合は、トラブルのないよう気を付けなければなりません。

ササやぶの中に付いている踏み跡

2. 尾根歩き

尾根歩きではいつも平易な道ばかりではありません。時々岩尾根になる場合があります。直登ができないような岩場が出現したときには、脇に必ずといってよいほど山の動物が通る獣道があるので、巻き道として利用するのです。

一見明瞭な尾根に見えても枝尾根から主尾根に合流するところでは、帰路の下りで枝尾根の所をそのまま直進してしまいがちです。後ろを眺めながら登ってくるわけではないので、同じ場所を下っているのに、帰路では初めて見るような風景に映ってしまい、間違ってしまうのです。枝尾根に入り込みやすい場所には必ず方向を示す目印が必要です。

ケルンは山の道しるべ

道のない山では尾根から平坦地に出ると、途端に方向感覚が狂うことがよくあります。ピストン登山では帰路に迷いやすい地形です。ここにもテープなどの道しるべが必要です。道のない山に登るときには、登っている段階から、帰路のことを常に考えて登る必要があるのです。

3. やぶ漕ぎについて

道の無い山では、よくやぶ漕ぎという表現が出てきます。文字通りやぶの状態の中を泳ぐようにしてたどることですが、これが容易なことではありません。やぶの種類としては次のようなものがあります。

①ササやぶ：人間の背丈を越えるような密生したチシマザサなどでは、下手に中に入ると視界が利かなくなります。ササやぶの中ではわずか十メートル先に登山道があったとしても分かりません。山菜取りなどがよく行方不明になるのもこのササやぶです。

②シャクナゲのやぶ：シャクナゲの木はときに大きな株になり通行を邪魔します。密生した枝は非常に強靱でしなやかなので通過が困難です。迂回して避けるしか方法はありません。

③ネズコの灌木帯：ネズコの幼木は枝葉が横に張り出して、とても歩きにくいやぶを作り出します。これは伐採によるもので、ネズコの木が成長して安定した森が形成されるま

でこうした状態は続きます。もとの森に戻るまでには百年以上かかるでしょう。

④根曲がり灌木帯：積雪地帯では雪に適応するため樹木が根曲がりを起こします。伐採跡などで育つ灌木は根本が曲がっているため直進できず大変歩きにくい灌木帯です。

⑤ノイバラやキイチゴのやぶ：ノイバラやキイチゴはトゲのあるやぶなので通過中に刺されれば痛くてたまりません。おそるおそるやぶを分けて進むしかありません。伐採跡に最初にはびこるのがこのやぶです。ただし、やぶが長く続くことはありません。

非常に歩きにくいネズコのやぶ

こうしたやぶは通過が非常に困難なので、どうしても登りたい山となればやぶ漕ぎして進むより方法はありません。短い距離ならば何とか頑張ることもできますが、頂上まで長く続くときはもう諦めざるを得ず、残雪期を狙って登頂するより方法はないでしょう。

本文（写真）のなかに出てくる厳しいやぶ山は、栗沢の石尊山、雨見山、十二社ノ峰、幕掛山、高檜山、三ヶ峰などです。奥利根の山にはこうしたやぶが多く、家ノ串、雨ヶ立山などは残雪期でないと登るのは非常に困難だと思われます。

4．危険生物について

道のない里山では危険生物に遭遇することが多々あります。命に関わるような生き物としてマムシとスズメバチが挙げられます。

マムシは体に茶色の銭形円形模様があり、地面に露出している木の根にもよく似た模様があって、同化しているのではないかと思います。

マムシ以外のヘビは、人間が来るとすぐ逃げてしまいますが、マムシは動かず、人が近づけば鎌首を持ち上げ攻撃態勢をとってきます。気付かずにうっかり踏みつけてしまったりすれば噛みつかれてしまいます。

気付いて棒で突っつくと怒って鎌首を持ち上げますが、大きなマムシになると尻尾部分を垂直に立て、ビリビリと震動させてこれ以上近づくなという警戒のサインを送ってきます。ガラガラヘビの仲間だと分かる特徴です。棒で突っついてもいきなりジャンプして飛びかかってくるようなことはありません。攻撃範囲は鎌首が届く距離なので近づかない限り大丈夫です。通り道のど真ん中にいるようなときは仕方ないので、遠回りするか、または長い棒やストックで思いきり遠くに放り投げてしまいましょう。

スズメバチは巣の近くでうっかり触れるような行動をとってしまうと刺されてしまうことがあります。通常ならハチが近寄ってきても、背をかがめて、振り払うようなことはせずじっとしていれば大抵大丈夫です。

以前、私はスズメバチに指先を刺されたことがあります。スズメバチの針は太くて、毒も大変強力でアシナガバチやドロバチの比ではありません。アシナガバチの痛さが注射針だとすれば、スズメバチの痛さは指をもがれてしまうような痛さです。しかも大変なのはその後で、痛みがなかなか収まらず、時間が経つにつれ手の甲まで腫れてきて、腕にはアレルギー症状の痒みや赤斑が現れました。指先に一匹刺されただけでもこの被害ですから、集中攻撃を受けたらと思うと恐ろしくなります。特に刺激したわけでもないのになぜ刺されたのか考えてみると、黒い服を着ていたのが原因のようです。ハチにとってクマは巣の蜜を奪いにくる天敵なので、黒い物体に敏感に反応するのでしょう。

山歩きでは、黒い服装は避けた方がよいかもしれません。時期によってはハンターが入っている場合があり、クマに間違われても困ります。

終わりに

登山道がある山では少しくらい天候が悪くても道に迷うことなどありませんが、道のない山となると話は別で、霧が発生するとルートファインディングはたいへん難しくなります。また雨天のときは、沢筋などで急な増水が考えられます。路肩の弱い林道や切り通しの場所では崖からの落石も生じやすくなります。天候と時期の判断は重要で、そんな時の入山はやはり控えた方がよいでしょう。

毎年登山道の整備を行っている山があります。登山道を造ってから二十年間整備を続けているのですが、森林などは伐採されると直射日光が入って、種々の植物が一斉に繁茂します。植物の世界も激しい生存競争があるのだと実感します。伐採跡のような場所には道形が残っていても雑草や灌木が茂ってしまうため、登山道は数年経つと分からなくなってしまいます。そんな中での登山道整備は非常に骨が折れる作業ですが、しかし何もせず放置し、人が歩かなければ数年で登山道は失われてしまうことになるでしょう。

尾根コース上に現れた岩場・右手に巻き道がある

三角点と点名

本文で紹介している里山では、三角点や点名という言葉がよく出てきます。この三角点については、全国の地形図作成のため国土地理院が設置しているもので、三角測量の基準となる標石の位置はその場所の緯度、経度、標高を示しています。

三角測量は、三角形の原理を使って離れた地点の距離を計測するもので、設置された原点となる二点間の正確な距離が分かっていれば、離れた地点との距離は二点の内角を測ることにより正確に確定することができます。

三角網を形作る三角形は正三角形であるほど誤差が少ないため、三角点位置は見通しの利く地点でなければなりません。そのため山の頂上のような高い場所が選ばれます。

この三角点標石には一等から四等まであり、その位置を決める作業を選点作業といいます。各等級の点を結んで三角網を作りそれより上級の三角網の隙間を埋めていく作業を繰り返し、全国の詳細地図は作成されます。

作成された等高線の入った地形図上の地図記号では、三角形の真ん中に点が入っています。しばしば山頂部分にこの三角点の印があるので、三角点標石は山の頂上位置を決定するためのものだと勘違いし、一番高い場所に標石が置かれていないのはおかしい、三角点の位置が間違っているのではと思う人も多いでしょう。そもそも三角点標石は、山頂を決定するものではなく、測量に都合のよい位置に設けられているものだと分かると問題は解決します。

三角点は見通しのよい地点に置かなければならないことから、高い山ほど良いと思われがちですが、測量上、高い山は雲に覆われるなど気象条件に左右されやすいということで適しているということにはなりません。日本一高い富士山でも、雲で山頂が見えない日の方が多く、しかも測量のために登るというのも大変なことです。また周囲の山より極端に高いため水平角測定誤差が大きくなりすぎることから、測量技術の点から富士山は一等三角点ではなく、二等三角点になっているのです。

明治時代三角測量のため設置された
原三角測点（西上州白髪岩）

二万五千分の一地形図の作成に必要な三角点は、三等以上の三角点で充足されています。一等の設置間隔は約四十キロで全国に一〇〇〇点、二等が設置間隔約八キロで全国に五〇〇〇点、三等が設置間隔約四キロで全国三万二〇〇〇点あります。そのほか補点としての四等は設置間隔約二キロで全国に六万九〇〇〇カ所もあります。この四等三角点は地図上では、三角印ではなく点と標高のみが記され図根点と呼ばれています。

山頂に設置された三角点標石

一等から四等までの三角点は、その数を全国集計すると十万点にも及びます。あまりの数ゆえに、どこの三角点なのか分かるように三角点標石にも名前を付けています。これが点名です。著名な山であれば点名と山名は同じになりますが、実際には名前の無い山もたくさんあるわけで、その場合は付近の地名や沢の名称などを、分かりやすい代表的なものを付けます。そうした点名は、三角点標石を設置した当時の測量官が調べたり地元の人に聞き取りしながらメモしておき地図に記載するのですから、当然聞き間違いや誤記などもあります。仕方の無いこととしても、それがそのまま地図上に記載され、誤っていたとしても以後それが正式な点名や山名になる、ということになります。

ところで三角測量の歴史は明治時代にはじまり、戦前まで三角点の設置および管理は、軍事上、正確な地図の必要性から陸軍参謀本部陸地測量部が行っていました。戦後になってからは国土地理院がこれを引き継いで行っていますが、現在ある三角点の半数は明治、大正時代に設置されたものといわれています。明治時代以降、山岳宗教で登られてきた著名な山などを除けば、日本の奥山のほとんどは、陸地測量部によって登頂されてきました。

里から見える山には大抵地元の人が呼んでいる山名があ

り、それは必ずしも一つとは限りません。登山者の中には山名に固執し、他の山名など一切受け付けない人がいます。山の名前がいくつあろうと困るわけではないし、山名によって山の姿形や中身までも変わるわけではないので、それほどこだわる必要はないと思います。

点名というものは、あくまで三角点標石に付けられた名称であり山名ではありませんが、山を特定するためにとても役立つものです。山名が無い山を紹介するのですから、やはり名前というものが必要であると思います。その場合、点名を使って山を世に出してみたいと考えています

名もなき里山であっても、頂上にたどりついて三角点標石に出合うと、思わず山に登ったぞという気持ちになれるものです。三角点の石柱は花崗岩などの硬い素材が用いられ、頂部には十字の切り込みが入れられ、側面には一等から三等までの種類を示す文字が入ります。

明治時代の一等三角点標石（源三角測点）などは二十四貫（九十キロ）もあって測量官とともに作業員が石を背負って山頂まで運んだといいます。設置の年月日や人名、道順、食料などの記録は「点の記」と呼ばれ、明治21年以降永久保存資料として国土地理院に保存されているそうです。

新田次郎氏の山岳小説、『劒岳 点の記』は、当時まだ未踏であった劒岳に陸地測量部が日本山岳会よりも先に測量隊の旗を立てるべく挑戦する測量官の物語です。幾度の挫折を乗り越え決死の思いでたどり着いた頂上には、すでに奈良時代のものと思われる錫杖の頭と宝剣が残されていたという事実がありました。日本の山岳宗教の歴史を物語っています。

現在ではこの三角測量はほとんど行われず、航空写真や人工衛星を使ったGPS（全地球測位システム）の時代となりました。山頂に設置されている標石も、やがて三角測量の時代をしのばせる古き遺構のような存在になる時がくるでしょう。

山頂に設置された図根点標石

里山の動物たち

里山歩きで野生動物に出合うことはそうたくさんはありませんが、今まで見た回数の多い順に挙げると、カモシカ、リス、シカ、タヌキ、ノウサギ、イノシシ、サル、クマ、ムジナ（アナグマ）、キツネ、モモンガ、テンなどといった感じです。

出合った回数が多いからといってもその動物の生息数が多い、ということではありません。突出して多いのはカモシカで、百回以上になります。「シカ」と名前はついていてもウシの仲間なので、性質は穏やかであまり人間を恐れず、普段の行動もゆっくりなので、出合う機会が多くなるようです。ほかの野生動物なら人間の気配を察知しただけですぐ逃げるか、隠れてしまいます。

そんなカモシカの性質が災いして狩猟の対象にされてしまい一時期絶滅の危機に瀕したのですが、特別天然記念物として保護され現在はその数も増えました。昔は、日本オオカミという天敵から身を守るために岩場に多く住みついていた時代から、段々と里山に降りてきたのです。シカと違って群などは作らず単独か子連れでテリトリーを守って暮らしています。秋に発情期を迎えると、どこからともなく聞こえてくる奇妙な鳴き声の「アーウォェー」はカモシカのものです。

カモシカの次に多いのがニホンジカで、利根郡では日光方面の山岳地帯に多く生息しています。皇海山の不動沢登山口に向かって夜間林道を走っているとき、百メートルおきに出合ったでしょうか。数の多さにあきれるほどでした。これほど生息密度が高まっているとは、尾瀬などの地域にどんどん進出してくるのは当然のことです。その結果、農作物や果樹園などが荒らされ、餌の少ない冬期は樹皮まで食べるため、せっかく何十年もかけ育てたスギの木が枯れてしまいます。

都会人から見ればシカはかわいい動物かもしれませんが、

カモシカは里山でもひんぱんに見かける動物です

農家や林業の人にしてみれば、甚大な被害をこうむる害獣のため、田畑の周りに柵を取り付け、スギの木には食害防止の網など取り付けています。農作物被害はシカに限らずイノシシ、サル、クマも同様で電柵を設けている山道も沢山あります。電柵フックの取り外し箇所が近くにあれば良いのですが、うっかり触れてしまうと電撃を受けてしまいます。これはかなりの強いショックです。農家の人は動物除けというより、自分たちが檻の中にいて動物の攻撃に耐えているようなものだと、自嘲気味に話していました。

野山を歩くとき野生動物捕獲の檻や罠が仕掛けられているのを見掛けます。時折、クマやイノシシ、サルなどが捕まっていて、野生動物を間近に見ることのできるチャンスなのですが、普段おとなしい動物でも檻にかかれば凶暴になるのでうっかり近づかないことが肝要です。

ところで里山の動物たちは、ほ乳類だけではありません、鳥類や爬虫《はちゅう》類などもいます。爬虫類で代表的なものはヘビですが、その中でも気を付けるべきはマムシでしょう。

ほかのヘビなら人の気配がすれば素早く逃げ出してしまいますが、マムシは逃げもせずにじっとしている場合があります。人が近づけば鎌首持ち上げて攻撃態勢をとります。さすが強い毒がある性質だけあって、まるで俺には近づくなと言っているみたいです。

マムシはその強靱さから精力剤に利用されたり、打ち身捻挫に効く蛇酒に使用されたりする有用なヘビでもあります。冷血動物なので、外気が下がってくると体を暖めるため、平たくなってひなたぼっこをするときがあります。そのときの姿、格好は愛嬌があります。

「ヘビに睨まれたカエル」ということわざがあります。もう恐くて身動きができない状態のときに使う言葉ですが、カエルはヘビが近づくと本当にじっとしてまったく動きません。怖くて動けないというのではなく視力の弱いヘビに対して気配をまったく殺して身を隠しているのです。この勝負はもし動けばカエルの負けです。昔の人はそんな光景を目の当たりにしてことわざにしたのでしょう。両者緊張状態の中、

このような山中の水溜まりは
動物たちにとってオアシスです

ドカドカとわざとその真ん中を走っていったら、緊張状態は一辺にとけてヘビもカエルも一目散に逃げて行きました。

私の里山歩きは、半分以上が夜間です。夜中に飛んでいるのはコウモリくらいのものですが、林の中では信じられないくらいのスピードで飛び回っています。餌を捕獲している時のコウモリはまるでツバメのような敏捷さです。しかしコウモリはほ乳類ですから。

鳥類のことも少し述べなければなりません。深山、奥山で夜鳴く鳥には、ヨタカやトラツグミなどがいますが、声が聞こえても姿を見たことがありません。フクロウの鳴き声を聞くこともあります。フクロウの鳴き声は時代劇などで、よく夜のシーンとして使われます。フクロウは夜になると一年中鳴いているのかと思う人がいるかもしれませんが、そんなことはありません。ノネズミ等の小動物を餌にしているフクロウは、鳴けば自分の存在を知られて逃げられてしまいます。またフクロウに天敵がいたとしたら自分の居場所を教えているようなものです。では一体いつ鳴くのでしょうか。

それは発情期だけのことなのです。雛が元気に育つためには、餌が豊富で気候も温暖なときに産卵しなければならないので、早春の頃交尾する必要があります。この時期以外フクロウはむやみに鳴いたりすることはないし、鳴くときは、頻繁に位置を変えながら鳴いていることが分かります。梢に止まったフクロウを見る機会など滅多にありませんが、フクロウは飛び立つときは羽音をたてずに飛ぶことができるのです。これは餌のノネズミなどに対して羽音で気付かれぬようにするためです。

早春の夜の里山を歩いていると、暗闇の中から「ホホー、ホホー」という神秘的な鳥の鳴き声を聞くと春の訪れを感じます。そのころ未明の空にはもう、真夏の星座である蠍座や天の川などが輝いています。

サルも農作物を荒らすことがある野生動物です

利根の里山

2021年11月17日 発行

著者
後藤 信雄

発行
上毛新聞社デジタルビジネス局出版部
〒371-8666 前橋市古市町1-50-21
TEL：027-254-9966